삶에서 앎으로
앎에서 삶으로

앎이 곧 삶이 되는 옛사람의 공부법

문현선 지음

책과이음

삶에서 앎을 구하고자 하는
앎으로 삶을 키우고자 하는
여러분께

이것은 소리 없는 아우성/저 푸른 해원海原을 향하여 흔드는/영원한 노스탤지어의 손수건/순정은 물결같이 바람에 나부끼고/오로지 맑고 곧은 이념의 푯대 끝에/애수는 백로처럼 날개를 펴다/아! 누구던가?/이렇게 슬프고도 애달픈 마음을/맨 처음 공중에 달 줄을 안 그는.

들어보셨지요? 유치환 시인의 〈깃발〉입니다. 교과서에 실렸던 터라 이 시를 모르는 분은 아마 거의 없을 겁니다. 제 경우에는 입시를 준비하면서 보고 또 보기를 반복했던 작품이었어요. 아이러니하게도, 그래서인지 저는 이 시를 그닥 좋아하지 않았습니다. 정말로 좋아하지 않았어요. 그런데 어느 날 아침 문득 전철을 기다리다가 '이것은 소리 없는 아우성'이라는 구절이 떠올랐습니다. 터질 듯 **빡빡**한 만원 전철을 기다리며 하루를 시작하는 제 삶이 '소리 없는 아우성'처럼 느껴졌거든요. 그 랬더니 줄줄이, 정말 놀랍게도, 다 잊은 줄 알았던 그 시의 뒤 구절이 줄줄이 따라 나왔습니다. 한없이 펼쳐진 푸른 수평선을 향해 흔들리는 한 장의 애처로운 하얀 손수건 같은 깃발이 눈앞에 떠오르더라고요. 그러더니 갑자기 어느 가요 프로그램에서 록밴드가 불렀던 〈하얀 손수건〉이라는 노래가 들리더군요. 이어폰도 끼지 않은 귓가에. 그렇게 제가 글자로만 알고 있었던 시 한 수가 순간 제 삶의 일부가 되었습니다. 아무리 읽어도 공허하기만 했던 '공감각적 심상'이니 '시각의 청각화'니 하는 말이 '그냥' 알아지는 것이 되었습니다. 갑자기 울컥, 가슴속에서 뭔가가 치밀고 눈가가 뜨끈해졌습니다. 수십 년 만에야 비로소, 저는 그렇게 이 시를 알게 되었습니다.

안다는 건 무엇일까요? 알맹이라는 말이 있습니다. 껍데기나 껍질을 벗기고 남은 여물어진 속 부분을 가리키고, 그래서 사물의 핵심이 되는 중요한 부분을 의미하는 낱말입니다. 이 단어 하나가 책을 쓰는 내내 제 머릿속을 떠나지 않더군요. 우리 삶에서 앎이라는 것은 결국 껍데기와 껍질을 벗겨내고야 비로소 마주하게 되는 알맹이 같은 게 아닐까, 그런 생각을 했던 모양입니다.

한 알의 곡식이나 과일이 우리가 매일 마주 앉는 식탁에 오르기까지는 아주 많은 노력과 긴 시간이 필요합니다. 단단하게 언 땅을 비집고 나와 싹을 틔우고 산들대는 바람과 딱 맞춰 내리는 비에 꽃을 피우며 여름 내내 따가운 볕에 시달리다가 가을이 되어서야 겨우 열매를 맺어 때로는 매서운 서리를 맞고 비로소 여물어가기 시작합니다. 그렇게 단단하게 속이 채워진 뒤에야 줄기에서, 가지에서 떨어집니다. 그뿐이 아닙니다. 볍씨 하나가 쌀알로 거듭나기 위해서는 숱한 키질에 까부르고 겉겨를 벗겨내는 탈곡 과정을 거쳐야 합니다. 한 번으로는 껍데기를 다 벗겨내지 못하니 여러 번 거듭해 과정을 되풀이해야 합니다. 앎이라는 것도 마찬가지입니다. 우리가 보고 듣고 느끼고 경험하는 모든 것에서 티나 검불을 날려버리고 껍데기와 껍질을 깨고 벗겨야 앎이라는 알맹이가 얻어지지요. 우리가 아는 한, 그 알맹이들은 깨알 같은 글자가 되어 줄글로 차곡차곡 쌓여 책이 됩니다. 그렇다면, 그것이 앎의 전부일까요?

글을 쓰는 내내 알맹이에 대해 생각하다 보니 어느 날은 껍데기와 껍질에도 생각이 미쳤습니다. 껍데기는 단단한 것이고, 껍질은 단단하지 않은 것이지요. 단단하거나 단단하지 않거나, 알맹이가 없는 두 가지는 모두 허울입니다. 그래서 우리는 있는 힘껏 이 허울을 벗기고 떨어내려 하지요. 알맹이만 골라서 쟁여두고 끼니마다 밥을 짓고 찬을 골라 상에 올립니다. 먹음직하게 머리와 꼬리를 떼고 가시를 발라 가운데 토막만 구워 올린 맛 좋은 자반이라면 더 바랄 나위가 없겠지요. 그런데 문득 그렇게 차려낸 순살 구이를 먹다가 이런 생각이 들 때가 있습니다. 편하기는 한데, 버릴 게 없어서 좋기는 한데, 뭔가 아쉽다.

혹시 '온체식macrobiotic'이라고 들어보셨어요? 고혈압과 당뇨병 등 현대인의 질병을 고치는 데 특효가 있다고 알려진 식이요법인데, 말 그대로 '뿌리부터 껍질까지 통째로 먹는' 방법이랍니다. 뿌리에는 뿌리 나름의 영양소가 있고, 껍질에는 껍질 나름의 영양소가 있으니, 먹기 좋고 입에 단 속살만이 아니라, 조금 거칠고 불편해도 온전히 모두를 섭취하는 것이 몸에 좋다는 겁니다. 그래서 예전 같으면 고르고 바르고 가려서 버릴 부분까지 먹을 수 있게 조리하는 것이 '온체식'의 원칙이라지요. 버릴 것은 버리고 필요한 것만 골라서 먹는 것이 좋은 것만은 아니구나, 생각해보니 삶과 앎의 관계라는 것도 마찬가지가 아닐까 싶어졌습니다. 앎은 삶에서 옵니다. 삶에서 체득한 경험을 고르고 바르고 가려서 얻어지는 것이 앎이라면, 앎은 우리 삶의 일부가 되지 않는 한 여전히 흰 종이 위에 까맣게 적힌 빼곡한 글자에 불과한 게 아닐까 생각해봅니다. 앎이라는 건 결국 살아보지 않고는 진짜로 얻어지지 않는 건지도 모르겠습니다.

앎과 삶에 관한 긴 글을 적어봤지만, 살아보지 않고는 앎이 얻어지지 않고, 앎이 삶을 통하지 않는 한 쓸 만한 것이 못 된다면,

이 글은 어디서 의미를 찾을 수 있을까요? 이 책에 담긴 모든 글이 마음에 닿지는 않을지도 모르겠습니다. 그저 어느 날, 살아가다가 마음이 고단한 때, 책장을 펴서 들어오는 글귀가 있다면, 그 글귀로 여러분의 삶의 무게가 조금쯤 덜어지고, 여러분 안에서 여물어가는 앎이 조금쯤 자라난다면, 그것으로 충분합니다.

문현선 드림

차례

삶은,

앎에서 온다.

앎이,

삶을 만들어 가는 것처럼.

1장

讀
–
어떻게 읽을 것인가

세상에 글을 읽는다는 사람은 적지 않지만,
참으로 글을 읽을 줄 아는 사람은 적다.
하늘의 이치와 진리의 즐거움을 얻는다면,
어떤 책을 읽지 못할 것인가?
어떤 아집을 깨뜨리지 못하겠는가?
어떤 이치에 정통하지 못할까?

《황극경세皇極經世》

소옹邵雍은 북송의 문인으로서 성리학의 기초를 놓은 인물입니다. 특히 《주역》의 기본 개념을 수리철학으로 발전시켜 앞날을 훤히 내다보는 지혜를 지닌 사람이라고 일컬어졌습니다.

집안에 오랫동안 관직자가 없었던 까닭에, 소옹의 가정 형편은 넉넉하지 않았습니다. 그래서 그는 어려서부터 과거에 급제해 명성을 떨칠 청운의 꿈을 안고 추위와 더위를 참고 견디며 독서와 사색을 벗 삼아 지냈습니다. 책 읽는 것을 좋아해 읽지 않은 책이 거의 없었고 배움을 구할 때의 태도도 무척 엄격했습니다. 의지를 다지기 위해 겨울에는 난로를 피우지 않고 여름에는 부채질을 하지 않으며 밤에도 잠을 줄이며 공부했다고 합니다. 그러던 어느 날 "옛사람들은 그보다 오래전 사람들과도 사귀며 배웠는데, 나만 홀로 아직 사방을 다녀보지 못했다"라는 점을 아쉽게 여겨 중원 일대를 돌아다니며 배움을 닦았습니다. 고대 왕조들이 있었던 옛 땅을 두루 돌아보며, 책에서 읽은 내용을 몸으로 직접 경험한 뒤에야 집으로 돌아왔지요. 그러고는 "도가 여기에 있구나!"라고 말한 뒤 다시는 밖으로 다니며 견문을 넓히지 않았고, 과거를 통해 입신양명하려는 뜻도 접었다고 합니다. 순수하게 이치를 구하는 학자의 길로 들어선 것입니다.

　소옹이 글을 읽는 방법으로 꼽는 것은 세상의 이치를 아는 '진짜 즐거움眞樂'입니다. 글을 읽는 것은 글자를 읽는 것이 아니라, 그 글자가 담고 있는 세상의 이치를 읽는 것입니다. 세상의 이치를 아는 일은 언제나 즐겁습니다. 삶의 비밀이 거기에 있기 때문입니다. 그러니 그 비밀에 이르는 방법이라면, 어떤 글을 읽지 못하겠습니까? 그 방법이 아니라면, 언제, 어디서든, 왜 버리지 못하겠습니까? 진짜 즐거움이 아니라면, 진짜 공부가 아닙니다.

많이 들었다면
그것을 간추려 밝혀 지키고,
많이 보았다면 그것을 세우고
다져 지킨다.
적게 들으면 간추려 밝힐 수 없고,
적게 보면 확실히 세울 수 없느니라.

《법언法言》

　　　　　　　　　　양웅揚雄은 사마상여司馬相如의 뒤
를 잇는 뛰어난 문장가이자 서한 말기 최고의 유학자로 손꼽힙니
다. 저서인 《법언》과 《태현경太玄經》은 각각 《논어論語》와 《역易》을 본
받아 쓴 것으로 알려져 있는데, 양웅은 이 책들을 통해 기존의 유
가 학설을 통합하고 제가백가와의 비교를 통해 보완하려 했습니
다. 유가 사상뿐 아니라 제가의 사상을 망라해 양자를 조화시키려
한 것입니다. 이러한 시도는 이후 위진남북조魏晉南北朝 시대의 현학
玄學에도 적지 않은 영향을 주었지요. 그는 어려서부터 배우는 것을
좋아하고 책을 많이 읽었으며, 문장이 뛰어난 것으로 이름이 높았

으니, 이른바 "공부가 가장 쉬운" 사람이었던 셈입니다. 이러한 저
자가 추천하는 '공부 잘 하는 법'을 들어봅시다.

양웅은 공부를 잘 하려면 많이 듣고 많이 보는 것이 중요하다고
말합니다. 그러나 더욱 중요한 것은 많이 듣고 많이 보아야 하는
이유입니다. 적게 들으면 간추려서 밝힐 수 없습니다. 다른 사람의
주장을 많이 들어야 비교하고 간추리는 과정을 통해 핵심을 파악
하고 자기 생각을 분명히 할 수 있습니다. 본 것이 적으면 정말로
뛰어난 것이 무엇인지 알지 못합니다. 듣는 것이 정보를 쌓아가는
간접 경험이라면, 보는 것은 검증이 가능한 직접 경험의 단계입니
다. 들은 만큼 보아야 비로소 들은 것 가운데 어떤 것이 믿고 따를
수 있는 진실인지 판단할 수 있습니다.

따라서 많이 듣고 보는 일이란 결국 스스로 간추리고 그 안의
진실을 파악하기 위한 준비 작업이 아닐 수 없습니다.

사람들 가운데
따라 배우려는 이가 있으면
동우는 가르치려 들지 않고
반드시 처음부터 끝까지 백 번을 먼저
읽어야 한다고 말했다.
처음부터 끝까지 책을 백 번 읽으면
뜻이 절로 드러난다는 것이다.

《위략魏略》

　　　　　　　　　　　동우董遇는 동한 말기의 학자로
서 《노자老子》와 《춘추좌전春秋左傳》에 통달하고 이 책들을 주석했습
니다. 많은 사람들이 찾아와 스승으로 모시려 하였는데, 그는 좀처
럼 가르치지 않고 먼저 처음부터 끝까지 백 번씩 책을 읽으라고 사
람들에게 권했습니다. 이처럼 까다로운 조건을 내세웠기 때문에,
나중에는 아무도 그에게 배우려 하지 않았습니다. 결국 《노자》와
《춘추좌전》에 대한 동우의 주석은 이제 전하지 않습니다.

　　처음부터 끝까지 책을 훑어 읽는 독서법을 통독通讀이라 합니다.
통독의 핵심은 거듭해서 책을 읽는 데 있습니다. 동우의 가르침 속

에는 여러 번 거듭 통독하다 보면 어느 순간 책이 담고 있는 의미
가 저절로 깨달아진다는 믿음이 존재합니다. 통독은 책을 읽는 사
람 스스로가 깨달아 얻게 하는 좋은 독서법이지만, 어지간해서는
견디기 어려울 만큼 많은 시간과 노력을 필요로 하는 공부법이기
도 합니다. 대부분의 사람들은 한 권의 책을 읽는 데 그처럼 많은
시간과 노력을 들이고자 하지 않습니다.

　동우를 찾았던 사람들 가운데는 그처럼 많은 노력을 들일 시간
이 없노라고 불평하는 이도 있었습니다. 그때마다 동우는 누구에
게든 세 가지 남는 시간三餘은 있는 법이라고 답했지요. "겨울은 한
해 가운데 남는 시간이요, 밤은 하루 가운데 남는 시간이며, 흐리
고 비가 오는 날은 모든 때 가운데 남는 시간이다."

　중국어에서 '공부工夫'라는 낱말은 시간을 가리킵니다. 학문이나
기술을 닦는 일은 결국 시간을 들여 무엇인가를 배우고 익히는 행
위입니다. 동우는 스승 노릇을 하려 들지 않았지만, 스승으로서 자
신이 아는 가장 좋은 공부법을 가르쳐주었습니다. 따라 배우지 못
한 사람들 때문에 지금은 그 가르침이 전하지 않는다는 사실이 안
타까울 따름입니다.

왕충은 가난해서 집 안에 책이 없었다.
그래서 자주 낙양 저자를 떠돌며
책방을 보면 곧 가서 책을 읽었다.
한 번 보면 외워 기억할 수 있었으니,
드디어 여러 사상가의 학설을
두루 보고 통하게 되었다.

《후한서後漢書》

       결핍은 때때로 잠재력을 끌어내는 놀라운 동력이 됩니다. 토스카니니는 베토벤, 브람스, 바그너의 음악에 대한 탁월한 해석을 통해 현대적인 연주 양식을 확립한 위대한 음악가입니다. 독일의 푸르트벵글러와 더불어 20세기를 대표하는 지휘자인 그는 사실 지독한 근시였기에 평생 악보를 읽는 데 적지 않은 어려움을 겪었습니다. 악보를 볼 수 없는 사람이 어떻게 오케스트라를 지휘했을까요? 간단합니다. 그는 연주해야 하는 악보를 모두 암기했습니다. 연주를 하고 싶다는 절실한 마음이 그를 이끌었기 때문입니다.

　왕충王充의 이야기 또한 같은 진리를 우리에게 전합니다. 그는 중국 사상사에서 다시 찾아보기 어려운 유물론적 이성주의자입니다. 동한 시기의 유력한 학설들은 천인합일론天人合一論이나 참위설讖緯說처럼 자연 질서와 인간 질서를 통합하려는 윤리학이거나 정치적인 신화로 이용될 만한 초자연적 신비주의에 가까웠습니다. 왕충은 이를 전면 부정하면서 경험과 실증에 입각한 철학적 태도를 견지했습니다. 가난한 집안이라 소유한 책이 없었기에, 그는 어려서부터 수도였던 낙양 시내 서점을 두루 떠돌며 거기 있는 모든 책을 읽었다고 합니다. 한 번 보면 외웠다는 그의 기억력은 어쩌면 다시 읽을 기회가 없을지 모른다는 절박함에서 기인한 것이 아니었을까요?

　요즘은 조기 교육 열풍 때문에 걸음마를 떼거나 말문이 트이기도 전에 글자를 가르치는 경우를 자주 보게 됩니다. 첫 돌을 넘기기도 전에 '읽어야 할' 책들이 끊임없이 주어지는 것입니다. 그러나 지나친 풍요는 때때로 욕구의 빈곤을 낳습니다. '읽어야 할' 책이 너무 많으면 '읽고 싶다'는 마음이 생기지 않습니다. 하고자 하는 마음이 있어야 채웠을 때 비로소 보람을 얻습니다. 공부에서 더 중요한 것은 '읽어야 할' 책보다 '읽고 싶다'는 마음입니다.

책을 읽는 데
너무 깊이 파고들어 구하지 않으며
말없이 그 핵심을 인식하고 판단한다.

《진서晉書》

　　　　　　　　　　독서의 방법으로 보통 속독速讀,
통독通讀, 정독精讀이라는 세 가지를 꼽습니다.

　속독은 빠르게 대충 읽는 것입니다. 빠르게 대충 읽는 것은 짧은 시간에 많은 것을 읽기 위해서입니다. 주로 자료가 쌓여 있을 때 필요한 것들을 골라내는 시간을 줄이고자 사용합니다. 통독은 한 권의 책을 처음부터 끝까지 훑어 읽는 것입니다. 책의 중심 흐름을 놓치지 않고 전체 윤곽을 파악할 때까지 읽어나가는 것이 핵심입니다. 이런 일이 단번에 가능한 사람도 있고 열 번을 읽은 뒤에야 가능한 사람도 있습니다. 전체 윤곽이 들어오지 않는다면 여러 번 되풀이해 읽어야 합니다. 시간 낭비처럼 느껴질 수도 있지만, 전체를 파악하지 못한다면 통독은 별로 의미가 없기 때문입니다. 정독은 내용이 완전히 이해될 때까지 꼼꼼하게 읽는 것입니다. 시간은 걸리지만 책을 자기화하는 데는 불가결한 방법이 아닐 수 없습니다. 정독을 하면서는 부분의 이해에 매달려 전체 맥락을 놓치지 않도록 주의해야 합니다. 전체를 보는 눈을 얻자면 통독이 필요하고, 세부 사항을 숙지하기 위해서는 정독이 필요합니다. 사람에 따라 더 알맞은 독서법이 있겠지만, 공부를 위해서는 세 가지 방법을 적절히 혼용할 필요가 있습니다.

'연구硏求'는 세심하고 정밀하게 파고들어 구한다는 뜻이고, '묵식默識'는 말없이 마음으로 기억하고 되새겨 이해한다는 뜻입니다. 나아가 그 이해를 바탕으로 옳고 그름을 가린다는 의미도 포함됩니다. 양자를 두루 겸하는 것은, 변함없는 독서의 정석입니다.

책을 보는 것은 약을 먹는 것과
마찬가지여서
약의 효력이 강하면
절로 움직인다.

《독서십육관讀書十六觀》

《독서십육관》은 명대의 문학가
이자 서화가, 장서가인 진계유陳繼儒가 독서에 대한 옛사람들의 말
을 모아 편찬한 책입니다. 북송의 문인 소철蘇轍의 이 말은 여러 번
거듭해 책을 읽으면 뜻은 저절로 알게 될 것이라고 강조했던 동우
의 말 뒤에 실려 있습니다.

　소철은 당송팔대가唐宋八大家의 한 사람으로 아버지 소순蘇洵, 형인
소식蘇軾과 더불어 '삼소三蘇'라 일컫는 북송의 산문가입니다. 아버
지와 형의 명성에 가려져 상대적으로 덜 알려져 있기는 하지만, 그
또한 시, 서, 산문 등 다방면에 정통했고, 특히 정치적 견해나 역사

적 관점을 밝히는 정론이나 사론에 뛰어났습니다. 소철은 불과 열여덟의 나이로 진사에 급제해 일찍이 비서성의 교서랑으로 관계官界에 나섰으며 어사중승, 상서우승, 문하시랑 등 요직을 두루 거쳤습니다. 이후 당쟁으로 좌절을 겪으면서 그 관직이 겨우 태중대부에 그쳤지만, 사후에 태사, 제후로 추증되었고 '문정文定'이라는 시호를 받기도 했습니다. 형인 소식은 그의 산문을 두고 "도도한 물결처럼 흘러넘치면서도 흐린 기운 없이 맑고도 깨끗하니 작품을 발표하면 여러 사람이 따라 배울 정도로 이름을 떨쳤다. 그러나 그의 남다르게 빼어난 기질은 아무도 범접할 수 없었으며 무상하게 변화하는 유행 속에서도 여전한 면모를 유지했다"라고 극찬한 바 있습니다.

소철의 문장은 소식에 비해 좀 더 질박하고 꾸밈이 없는 특징을 보입니다. 공부법에서도 소식이 다방면에 두루 능통한 특징을 보인다면, 소철은 특정 주제에 집중하며 외골수의 기질을 보입니다. 그는 공부의 원천인 '책'을 병을 낫게 하는 '약'에 비유했습니다. 약효가 센 약을 많이 쓰면 병이 빨리 낫는 것과 같이, 좋은 책을 많이 읽으면 애를 쓰지 않아도 절로 얻는 것이 있다고 여긴 것입니다.

새벽에는 경서를 읽어 오백 번이 넘었고
밥을 먹고 나서는 역사서를 욀 때까지,
백 번씩 채워서 읽었으며 밤중에는
제자서를 읽어 삼백 번씩 모두 읽었다.
책을 읽을 때는 언제나 꼿꼿이 앉아서
움직이지 않으며 구구절절 분명해질
때까지 읽었다.

《여씨동몽훈呂氏童蒙訓》

남송의 여본중呂本中은 증조부 여
공저呂公著, 조부 여희철呂希哲, 부친 여호문呂好問 및 그와 관련된 인물
들의 일화를 엮어 《동몽훈》이라는 제목을 붙여 가르침의 길라잡이
로 삼고자 했습니다. 이 글은 여본중이 조부 여희철의 선배였던 황
리黃履의 일화를 들어 실천하는 삶을 위한 공부법을 제시하고 있습
니다.

여희철은 스물한 살에 태학에 들어 호원胡瑗의 문하에서 황리,
형서邢恕와 함께 수학했습니다. 당시 황리는 스물여섯 살의 나이로
방장의 책임을 맡고 있었는데, 늘 독서에 매진하는 솔선수범으로
후배들에게 깊은 인상을 남겼습니다. 그는 매일 아침 눈을 뜨면 곧
경전을 읽었습니다. 식사를 하고 난 뒤에는 역사서를 읽었으며, 수
업을 마치고 돌아온 밤에는 제자서를 읽었습니다.

경전은 세상의 이치를 담은 책입니다. 보편 원리를 설파하는 경
전을 읽는 일은 삶의 원칙을 재확인하는 과정에 다름 아닙니다. 황
리는 이 과정과 함께 하루를 시작했습니다. 그에게 독서는 단순히
지식을 머리에 담는 행위가 아니라 실천하는 삶의 기초였던 셈입
니다. 과거의 삶에 대한 기록으로서 역사는 현재에도 여전히 영향
을 끼칩니다. 현재는 지나간 시간의 집적으로 이루어지기 때문입
니다. 우리는 역사서를 읽으면서 과거에 이미 발생한 잘못을 다시
저지르지 않을 방법을 구하고 더 나은 삶을 추구할 다른 기회를 얻

습니다. 하루의 힘을 얻는 식사를 마친 뒤, 황리는 역사서를 읽으며 과거와 현재의 끊임없는 대화를 즐겼을 것입니다. 학업을 마치고 돌아온 밤에 그는 제자서를 읽었습니다. 제자서는 경전의 가르침과 닮은 듯 다르거나 다른 듯 닮은 이치를 담고 있습니다. 유학자였던 황리의 이 선택은 자신의 신념과 다른 관점을 다양하게 섭렵하려는 의지와 연관됩니다. 황리의 일화가 보여주는 것처럼, 독서는 단순한 '글 읽기'가 아니라, 읽은 글의 '구구절절'을 삶으로 승화시키는 실천 그 자체입니다.

공부에서 중요한 것은 읽어야 할 책보다 읽고 싶다는 마음이다.

책 욕심은 매우 많으나
교감에 그리
얽매이지 않았다.

《북제서北齊書》

　　　　　　　　북조北朝 여러 나라에서 관직을
지내며 공정한 일 처리로 좋은 평판을 얻었던 형소刑邵는 기억력이
빼어났습니다. 보통 하루에 만 글자 이상 욀 수 있었을 뿐 아니라,
한번은 장마철에 《한서漢書》를 읽으면서 닷새 만에 책을 모두 외운
적도 있었다고 합니다. 덕분에 그는 글을 잘 지었고 또 매우 빨리
지었습니다. 그의 문체는 우아하고 아름다웠을 뿐 아니라 내용 또
한 풍부했습니다. 이러한 성과는 뛰어난 기억력과 다독博問多讀하는
습관에서 나온 것이 분명합니다.

　　그러나 형소는 많은 글을 읽어 외면서도 글자 하나하나의 교감

校勘에는 얽매이지 않았습니다. 글자마다 따져 읽지는 않은 것입니다. 그가 언젠가 이런 말을 했다고 합니다. "잘못된 책에 대해 생각해보는 것이 때로는 더욱 즐겁다." 처남인 이절李節이 듣고 "잘못된 책에 대해 생각해서 올바른 지식을 얻을 수 있습니까?"라고 묻자, 형소는 이렇게 대답했습니다. "생각했는데도 터득할 수 없다면 굳이 책을 읽을 필요가 없지."

   얕더라도 널리 읽는 것 또한 공부하는 방법입니다. 얕은 것이라도 많이 쌓이면 두터워지기 때문입니다. 기억력이 뛰어난 사람이라면 읽은 책의 내용이 머릿속에 저장되어 있을 테니 더 바랄 나위가 없습니다. 그러나 꼼꼼히 따져 읽는 수고를 하지 않았다면 책을 덮은 뒤에는 곰곰이 되짚어볼 필요가 있습니다. 옳고 그름에 대한 판단이 서지 않는다면, 기준이 될 만한 책을 다시 찾아봐야 합니다. 많은 책을 빨리 읽는 것은 좀 더 좋은 책을 선별하는 데 첫 번째 목적을 둡니다. 선별은 비교를 통해서 이루어집니다. 내가 읽은 것만 신봉해서는 안 됩니다. 적어도 내가 아는 것을 세상의 유일한 진리로 믿는 오류는 범하지 말아야 할 것입니다.

책을 읽는 소리가 한결같으면
남에게 감동을 일으키므로
큰 효용이 있다 할 것이다.

《송원학안宋元學案》

                       간서치看書痴, 즉 책만 보는 바보
라 불린 선비가 있습니다. 바로 이덕무입니다. 조선의 왕 정조가
그의 책 읽는 소리를 좋아해 숙직할 때마다 찾아가 이를 들었다는
일화는 유명합니다. 책은 눈으로만 읽는 것이 아니라 입으로도 읽
고 손으로도 읽는 것입니다. 이덕무는 부지런히 남의 책을 빌려 보
았고, 단지 보기만 한 것이 아니라 소리 내어 읽었으며, 다 읽은 책
은 반드시 손으로 옮겨 적었습니다.

    그의 저작 중에 《이목구심서耳目求心書》라는 책이 있습니다. 귀와
눈으로 마음의 책을 구한다는 뜻입니다. 소리를 내지 않고 눈으로

만 읽는 묵독默讀은 한밤중처럼 큰 소리를 낼 수 없는 불가피한 경우에 사용하는 독서법입니다. 뇌과학의 견지에서, 낭독이 묵독보다 효과가 좋은 이유는 분명합니다. 낭독은 공감각적으로 이루어지는 것인데 반해 묵독은 시각이라는 한 가지 감각만 사용하기 때문입니다. 음악을 들을 때는 측두엽의 일부인 청각 영역만 활성화되고, 컴퓨터 게임을 할 때는 후두엽의 일부만 활성화되는 반면, 낭독을 할 때는 훨씬 더 광범위한 영역에서 대뇌가 활성화됩니다. 정확하고 빠르게 혀를 놀리느라 운동 영역이 활성화되고, 다음 읽을 내용을 준비하면서 시각 영역이 활성화되며, 입으로 낸 소리가 귀로 들어가면서 청각 영역까지 활성화되기 때문입니다.

그렇다면 책을 잘 낭독하기 위해서는 어떤 준비가 필요할까요? 소리 내어 책을 읽는 법에 관한 이덕무의 견해는 확고합니다. "책을 읽는다고 기운을 돋워서 급하게 읽으면, 듣는 사람이 쉽게 그 소리에 물리는 것은 차치하고라도, 먼저 스스로 싫증이 나서 낭독을 계속할 수가 없다."

스스로 즐길 수 있는 자기 페이스를 찾는 것, 남에게 감동을 주는 책 읽는 소리는 그로부터 시작됩니다.

책은 외울 정도로 보아야 한다.
말을 타고 있거나
한밤중 잠이 오지 않을 때
외운 글을 읊조리고
그 뜻을 생각하면 얻는 바가 많다.

《송명신언행록宋名臣言行錄》

　　　　　　　　　　공부는 때와 장소를 가리지 않
습니다. 뭔가를 타고 돌아다니거나 자려고 누웠는데 좀처럼 잠이
오지 않을 때도 마음만 먹으면 가장 효과적인 공부가 이루어질 수
있습니다. 어려서부터 손에서 책을 놓지 않고, 공부를 할 때면 배
고픔이나 목마름, 추위나 더위까지도 잊었다는 사마광司馬光의 이야
기입니다.

　사마광은 어렸을 때부터 자신의 기억력이 남만 못한 것을 걱정
했다고 합니다. 그래서 그는 여럿이 함께 공부할 때 이미 책의 내
용을 숙지하고 나가 놀거나 쉬고 있는 형제들을 뒤로한 채 혼자 자

리에 앉아 책을 읽었습니다. 완전히 외우기 전에는 멈추지 않았기에 책을 맨 끈이 해어지는 일까지 있었다고 합니다. 머리가 좋은 사람은 무엇이든 쉽게 외우기 마련입니다. 하지만 아무리 머리가 좋아도 쉽게 외운 내용은 그만큼 빨리 기억에서 사라집니다. 반면에 눈으로 자주 보고 귀로 많이 들으면 어지간해서 잊히지 않습니다. 사마광은 여러 번 읽고 완벽하게 외웠기 때문에 평생 그 글들을 잊지 않았습니다. 간혹 모르는 내용이 있으면 그 구절들을 기억하고 있다가 시간이 될 때마다 읊조리면서 이해해보려고 노력했습니다. 책을 보거나 글을 쓸 수 없지만 시간이 남을 때마다 기억 저장소에서 아직 이해되지 않은 구절을 불러내 생각을 곱씹었습니다. 깨달음은 열심히 공부하려고 책을 들여다보고 있을 때보다, 도무지 납득되지 않아서 속을 끓이고 있을 때보다, 그 일없이 짧은 짬에 오는 경우가 종종 있습니다.

사실 현대인들은 많은 시간을 길에서 보냅니다. 차를 타고 이동하는 시간이 적어도 하루 2시간은 됩니다. 대부분 음악을 듣거나 동영상을 보거나 게임을 하면서 보내는 시간입니다. 아마도 사마광이라면 그 시간을 놓치지 말고 생각하라고 말할 것입니다.

손각은 책 읽기를 좋아했는데,
나이가 든 뒤로 눈병을 앓았다.
이에 군졸 가운데 글자를 조금 아는 사람
둘을 가려 뽑고 문장을 읽도록 했다.
언제나 눈을 감고 단정히 앉아서
두 사람에게 곁에서 읽도록 했다.
하나를 마치면 곧 다른 사람으로 바꾸고
술을 한 잔씩 내려서 물러가도록 했기
때문에 군졸들도 또한 즐거워했다.
노년의 독서법으로 삼을 만하다.

《취옹매어醉翁寐語》

공부에는 때가 있다고 합니다.
어째서 그럴까요? 앎은 사람이 죽을 때까지 추구하는 목표이고, 배
움은 즐거움이 다하지 않는 한 지속되는 일이 아니었던가요? 맞습
니다. 배움은 평생에 걸친 과정이고, 공부는 숨을 거두는 순간에야
멈추는 일입니다. 그러나 아쉽게도, 우리의 정신과 육체는 죽음과
마주하기 전부터 늙고 쇠약해집니다. 공부에는 때가 없지만, 공부
하기 좋은 때는, 분명 있습니다.

손각孫覺은 북송 사람으로 철종 때 어사중승御使中丞까지 지낸 인
물입니다. 북송 이학의 거두였던 호원胡瑗과 진양陳襄에게서 배웠고,
당송팔대가唐宋八大家로 꼽히는 소식, 왕안석王安石, 증공曾鞏 등과 두
루 교유하였으며, 강서시파江西詩派를 이끌었던 황정견黃庭堅의 장인
이자, 송사宋詞로 이름을 떨친 진관秦觀의 스승이기도 했습니다. 그
는 힘닿는 대로 책을 읽고 쉼 없이 글을 쓰라는 구양수歐陽修의 가르
침을 믿고 따랐습니다. 그러나 나이가 들자 눈병을 앓아 글자를 알
아보기 어려워졌습니다. 그래서 생각해낸 것이 '귀로 읽는 법'입니
다. 그는 군졸 가운데 글자를 아는 사람 둘을 가려 뽑고 대신 책을
읽도록 했습니다. 아픈 눈을 감은 채 그들이 읽는 책의 내용에 귀
를 기울인 것입니다. 한 사람이 정해진 분량만큼 책을 다 읽으면,
다른 사람이 마저 읽도록 했습니다. 책을 다 읽고 난 뒤에는 책을
대신 읽어준 대가로 맛 좋은 술을 사례했기 때문에 군졸들 또한 그

일을 마다하지 않았습니다.

나이가 들어 정신과 육체가 쇠하면, 전처럼 환히 보이지 않고 또렷이 들리지 않습니다. 머릿속이 맑지 않은 날도 늘어납니다. 공부는 물론 좀 더 환히 보이고 잘 들리고 머릿속이 맑을 때 하는 편이 좋습니다. 그럼에도 불구하고, 뜻이 있으면 자연스레 길은 찾아지기 마련입니다.

공부란 흔들리지 않는 뜻을 마음에 담아 한 걸음씩 걸어가는 일이다.

2 장

學

—

어떻게 배울 것인가

배우려는 이는
목이 말라 강과 바다를
들이키는 사람과 같다.
크게 마시면 크게 채워지고
작게 마시면 작게 채워진다.

《곤학기문困學紀聞》

속담에 "목마른 놈이 우물 판다"
라는 말이 있습니다. 누군가의 절실한 필요와 바람이 일을 성사시
키는 최고의 동력이 될 수 있음을 가리키는 말입니다. 배우고자 하
는 사람은 마치 목이 마른 사람과 같습니다. 목마른 사람은 물을
구합니다. 마실 물이 있어야 갈증을 가시게 할 수 있는 까닭입니
다. 크게 마시면 크게 채워지고 작게 마시면 작게 채워집니다. 많
이 마시면 많이 채워지고 적게 마시면 적게 채워집니다.

강물처럼 어느 정도 마시고 양이 차면 더 이상 목도 마르지 않
고 마시고 싶지 않게 되는 물도 있습니다. 그러나 바닷물은 다릅

니다. 처음 마셨을 때는 갈증이 가시지만 조금 지나면 더 많은 물을 필요하게 만듭니다. 바닷물의 염분이 더 많은 물을 부르기 때문입니다. 결국은 아무리 마셔도 갈증을 해소할 수 없는 채로 죽음에 이르게 됩니다.

학문을 업으로 삼는 것은 어쩌면 목마른 사람이 바닷물을 마시는 일과 같을 수 있습니다. 하나를 더 배우고 알면 하나만큼 덜 배우고 알아도 될 것이라고 생각하지만, 막상 하나를 알고 나면 그만큼 더 많은 것을 알지 못한다는 사실에 마음이 조급해집니다. 사람의 생명과 능력은 유한한데, 배우고 알아야 할 세계는 무한하기 때문입니다. 죽을 때까지 목마름에 시달리며 배우고 익히는 것은 공부하는 사람의 숙명인지 모릅니다.

사람이 글을 배우는 것은
약을 먹는 것과 같다.
잘 먹으면 병이 낫지만
잘못 먹으면 도리어 해가 된다.

《녹문자鹿門子》

약은 환자의 증상에 맞게 처방
되어야 하고, 정해진 양을 때맞춰 먹어야 합니다. 그래야 효과를
볼 수 있습니다. 약을 먹는 데는 세 가지 정성이 필요하다고 합니
다. 좋은 약재를 골라 적절하게 약을 짓는 사람의 정성, 약을 달여
서 마실 수 있도록 챙겨주는 사람의 정성, 약효를 믿고 때와 양을
어김없이 지켜서 먹는 사람의 정성이 일치할 때 비로소 병이 낫는
다는 뜻이겠지요. 당唐나라 시인 피일휴皮日休는 글을 배우는 일이
병을 낫기 위해 약을 먹는 일과 다르지 않다고 여겼습니다.

좋은 약재를 골라 적절하게 약을 짓는 일은 좋은 인재를 골라

그에 맞는 가르침을 주는 스승의 몫입니다. 약을 달여서 때맞춰 마실 수 있도록 챙기는 일은 가르침이 잘 전해지도록 스승을 돕고 아이를 깨우치는 부모의 몫입니다. 약효를 믿고 때와 양을 어김없이 지켜서 먹는 일은 가르침을 청해 글을 배우는 당사자의 몫입니다. 이 세 가지가 일치해야 인재를 가르치고 학문을 배우는 일의 효과가 극대화됩니다.

약은 잘 먹으면 병이 낫지만 잘못 먹으면 도리어 해가 된다고 했습니다. 좋은 가르침을 잘 배우면 될성부른 나무가 무성하게 자라나 흐드러지게 꽃을 피우고 보다 빨리 많은 열매를 맺겠지만, 제대로 가르침을 받지 않고 갈피를 잡지 못한 채 어지럽게 배우면 오히려 타고난 재능을 해칠 수도 있습니다. 잘못 먹은 약으로 망가진 건강을 고치려면 두세 배나 힘이 더 듭니다. 열 배의 시간과 노력을 들이고도 원상태를 회복할 수 있다는 보장이 없습니다. 약은 모쪼록 잘 지어서 양과 때를 잘 지켜 약효를 믿고 정성을 다해 마셔야 합니다.

배웠으나
마음으로 이해하지 않았다면
잊어버리기 쉽다.

《예기禮記》

정현鄭玄은 동한 말기의 대학자
로 경학을 집대성했을 뿐 아니라, 산술, 역수, 천문 등에도 능통했
던 인물입니다. 그는 《예기》를 주석하면서 "지금의 가르침은 비록
학업을 마쳤다 하더라도 배움을 잃어버리는 속도가 너무 빠르다雖
終其業, 其去之必速"라고 풀었습니다. '지금의 가르침'은, 뜻을 이해하지
못하는데도 책을 되풀이해 읽거나 쓰고 어려운 문제로 시험하며
학업의 진도에 급급한 특징을 보입니다. 정현은 이런 가르침의 방
식이 온당하지 않다고 보았습니다.

책의 내용을 머리로 기억하는 것은 단순한 정보 습득에 불과한

일종의 간접 경험입니다. 간접 경험으로 얻은 정보가 앎으로 체화
되기 위해서는 이를 자신의 실제 경험과 연결 짓는 과정이 필요합
니다. 직접 경험은 정보를 자기화하는 계기가 됩니다. 알고 있는
것을 몸으로 경험하는 노력을 통해 단순한 정보는 비로소 누군가
의 앎이 되는 것입니다. 정현이 강조한 '마음으로 앎心解'은 이를 이
름입니다.

　　인간의 기억력은 인지 발달 능력, 즉 이해력, 관찰력, 사고력,
집중력 등과 밀접한 관계가 있습니다. 경험을 통해 대상에 대해 충
분히 이해하고 인지하고 있다면 기억을 소환하는 능력도 비례해서
늘어납니다. 반면에 아무리 좋은 기억력을 타고난 사람이라도 이
해력이나 관찰력, 사고력, 집중력 등이 부족하다면, 기억 속에 저
장한 정보를 인식으로 소환하는 데 어려움을 겪습니다. 어느 시대
나 공부의 과정보다 학업을 이루는 일에만 목표를 두는 사람들은
있었습니다. 그러나 앎은 단순한 정보의 기억만으로 성취되지 않
습니다. 경험과 끈질긴 사유의 과정만이 우리를 온전한 앎으로 인
도합니다.

배우는 사람은
먼저 의문을 품을 줄
알아야 한다.

《근사록近思錄》

"너 자신을 알라." 이 말은 그리스 델포이의 아폴론 신전에 새겨졌던 문구입니다. 우리에게는 소크라테스의 명제로 더욱 잘 알려져 있습니다. 이 말이 소크라테스의 명제가 된 데는 다음과 같은 유래가 있습니다.

한번은 그의 지인이 신전에 가서 "소크라테스보다 더 현명한 사람이 있는가?"라는 질문을 던졌다고 합니다. 그런데 "소크라테스보다 더 현명한 사람은 없다"라는 신탁이 내려왔습니다. 그래서 지인은 소크라테스에게 이 말을 전했습니다. 철학자로서 소크라테스는 신탁의 진위를 가리고자 노력했습니다. 아테네 전역을 돌아다

니며, '현명한 사람'이라고 이름난 모두를 만나 대화를 나눠본 뒤,
그는 다음과 같은 결론에 도달했습니다. "아무도 나만큼 스스로의
무지함을 깨달은 사람이 없구나."

  그가 만난 사람들 가운데 모든 것을 아는 사람은 존재하지 않
았습니다. 그런데 그들은 대개 모든 것을 알고 있다고 자부했습니
다. 자신이 무엇을 알지 못하는지 깨닫지 못한 것입니다. 소크라테
스는 적어도 자신이 모르는 것이 무엇인지, 얼마나 모르고 있는지
잘 알고 있었습니다. 그래서 그는 "너 자신을 알라"라는 신전의 문
구가 결국 "너 자신의 무지함을 깨우치라"라는 뜻이라고 생각하게
되었습니다. 자신의 무지함을 깨우쳐야 무엇을 알아야 하는지 알
게 됩니다. 모르는 것이 무엇인지 모르는 한, 그것을 알 기회는 저
절로 생겨나지 않습니다. 내가 알지 못하는 것이 무엇인지 깨닫는
것, 그것이 배움의 시작점입니다.

  '의문疑'이라는 글자는 아이가 손에 비수와 화살을 들고 그것이
무엇인지 생각하는 모습을 형상화한 것입니다. 아이들은 질문이
많습니다. 모르는 것이 많기에 끊임없이 질문합니다. 질문은 알고
자 하는 마음의 표현입니다. 질문을 던질 때, 아이는 이미 배울 준
비가 된 것입니다.

배우지 않으면
방법이 없게 된다.

《한서漢書》

반고班固는 서한의 대신 곽광霍光
의 일생을 "경학을 배우지 않아 세상의 이치에 어두웠다"라는 말로
평했습니다. 곽광은 한 무제漢武帝로부터 한 선제漢宣帝에 이르기까지
3명의 황제를 모시며 전후 60여 년 동안 적지 않은 공훈을 세워 '기
린각제일공신麒麟閣第一功臣'으로 손꼽히는 인물입니다. 반고는 어째서
이런 인물을 혹평했을까요?

곽광은 워낙 조심스러운 사람이었습니다. 덕분에 그는 무제의
신임을 한 몸에 받고 여러 차례 정치적 위기에서도 살아남을 수 있
었지요. 그러나 좋은 스승을 구하고 가르침을 청해 자신을 수양하

는 일에는 관심이 없었습니다. 곽광의 아내는 자기 딸을 황후로 만들기 위해 선제의 원비를 독살했지요. 나중에 그 일이 발각되자 뒤늦게 곽광에게 사실을 밝히고 도움을 구했습니다. 당시 국정을 총람했던 그는 진상을 밝히지 않고 아내의 죄를 덮었습니다. 곽광이 세상을 떠나자마자 가장 먼저 거론된 것이 이 일입니다. 곽씨 일문은 위기를 모면하고자 반역을 도모했다가 멸문을 당하고 말았습니다. 곽광이 세상을 떠난 지 겨우 3년 만의 일이었습니다.

"스스로 수양하여 가정을 단속하고 난 뒤에야 나라를 다스리고 세상을 태평하게 할 수 있다修身齊家治國平天下"라는 유가의 근본 가르침이 떠오릅니다. 곽광은 비록 수십 년 동안 여러 황제를 모시며 한 나라의 국정을 좌우했지만, 결국 주변 사람들을 단속하지 못해 법에 어긋나는 일을 방치했습니다. 더욱이 진상을 안 뒤에도 이 일을 무마함으로써 범죄에 공모했으며, 잘못된 본을 보여 사후에도 오명을 씻을 길이 없게 되었습니다. 반고의 평가대로 '배우지 않아 방법이 없게 된' 셈입니다.

온종일 먹지 않고
밤새 자지 않으며 생각했으나
얻은 것이 없으니
배우느니만 못하구나.

《논어論語》

　　　　　　　　　나면서부터 모든 것을 아는 사
람은 없습니다. 배우고 익히는 과정을 통해야 아무것도 모르는 상
태를 벗어나 점차 견식을 갖추고 학문을 이루어 유식한 경지까지
나아갈 수 있습니다. 이는 매우 험난하고 지루하리만치 기나긴 과
정입니다. 그러니까 공부의 길은 그치지 않고 등장하는 여러 고비
와 어려운 문제가 돌출하는 험로인 셈입니다. 길을 가는 가장 좋은
방법은 먼저 가본 사람에게 물어보는 것입니다. 좋은 스승이란, 결
국 목적지로 가는 가장 안전하거나 가까운 길을 아는 사람입니다.
스승이 있다면 조금이라도 품을 덜 들이고 목적지를 찾아갈 수 있

으며, 길을 잘못 들어도 경험에 의지해 원래의 길로 되돌아가는 방법을 구할 수 있습니다.

공자는 인류의 위대한 스승으로 손꼽힙니다. 누구보다 먼저, 아무도 가지 않은 길을 개척한 사람이라고도 할 수 있을 것입니다. 고대 중국에서 공자 이전의 모든 학문은 국가의 소유였고, 개인이 사사로이 가르치는 일은 존재하지 않았습니다. 그런 의미에서 공자를 사학私學의 창시자라 일컫기도 합니다. 그런 그에게도 수많은 스승이 있었습니다. 문왕이나 주공과 같은 고대의 성인으로부터 눈먼 악사에 이르기까지, 그는 크건 작건 가르침을 주는 이는 누구라도 스승으로 모셨습니다. 신분이 낮거나 학식이 적거나 나이가 어리다고 해서 무시하지 않았습니다.

내가 미처 알지 못하는 것을 아는 사람이라면, 그가 곧 스승입니다. 들은 적도 없고 본 적도 없으며 경험한 적도 없는 일이라면, 먹지도 자지도 않고 고민한다고 해서 갑작스럽게 알 수 있을 리 없습니다. 모르는 것은 우선 전해 들어야 알 수 있고, 들어서 알아야 보고 확인할 수 있으며, 그런 뒤라야 생각을 통해 자기 것으로 만들 수 있습니다. 위대한 스승은 잘 배우는 사람에 다름 아닙니다.

50

사람이 배움의 길로 나아가자면
오직 그 뜻을 물을 뿐이다.
반드시 얻고자 하는 마음으로
조금씩 움직여 가면
얻는 것이 많다.

《공총자孔叢子》

한 무제 때의 공장孔藏은 공씨 가
문의 언행을 모아 《공총자》라는 책을 지었습니다. 이 글은 그가 아
들인 공림孔琳에게 쓴 편지의 일부인데, 그는 먼저 지난 밤 아들 공
림이 친구들과 함께 밤새 책을 읽으며 토론하는 소리를 듣고 기분
이 좋았다는 칭찬으로 아들에게 말을 건넵니다. 그러고 나서야 자
신의 가르침을 덧붙입니다.

처음 공부를 시작하는 사람은 모르는 것이 많아서 답을 구하느
라 끊임없이 질문을 던지기 마련입니다. 스승에게도 묻고, 선배에
게도 묻고, 친구에게도 묻고, 자기 자신에게도 물어야 합니다. 쉽

게 발견되는 답은 스스로 구한 것이 아니기에 금시로 잊히며 알아
도 활용할 수 없는 경우가 많습니다. 반드시 답을 구하겠다는 의지
를 가지되 서두르지 않고 조금씩 나아가야만 합니다. 그렇게 얻은
답이라야 효용을 거둘 수 있습니다.

공장은 이어서 물방울처럼 연한 것도 끊임이 없기에 바윗돌
에 구멍을 낼 수 있고, 작은 벌레도 수없이 갉아댐으로써 큰 나무
를 쓰러뜨릴 수 있다는 비유를 내놓습니다. 처음 공부의 길에 들어
섰을 때는 아는 것이 적고 모르는 것이 많기에, 많은 학생들이 무
력감을 느끼거나 절망에 빠집니다. 그러나 그 길을 가는 방법은 한
가지뿐입니다. 알고자 하는 의지를 지닌 채 끊임없이 노력하는 것.
공부란, 흔들리지 않는 뜻을 마음에 담고 한 걸음씩 쉬지 않고 걸
어가는 일입니다.

공장의 가르침은 공부의 세 가지 단계를 말한 것으로 볼 수 있
습니다. "첫째, 먼저 알고자 하는 의지를 지녀야 한다. 둘째, 답을
구할 때까지는 서두르지 않되 쉼 없이 이에 힘써야 한다. 셋째, 명
확하게 알고 난 뒤에야 그 앎을 실제 삶에 적용한다." 세 가지 가르
침의 단계에서 확인되는 것처럼, 행동으로 옮기는 것이 그냥 아는
것보다 더욱 어렵습니다.

많이 외웠는데도
그 말하는 바를
알지 못하는 것을 두고
고되게 힘쓰면서
이룬 바가 없다고 한다.

《한서漢書》

　　　　　　　핵심을 이해하지 못한 채 무조
건 외우면, 그 앎은 참된 의미에서 '자기 것'이 되지 않습니다. '자
기 것'이 아닌 앎은 현실에 적용하기 어렵습니다. 우리는 눈앞의 성
과에 연연해 이 단순한 진리를 종종 잊습니다. 처음 공부를 시작
하는 사람들이 중시하는 성과의 지표는 방대한 정보력이나 뛰어난
암기력과 같은 가시적인 능력이지요.

　　조조鼂錯는 한나라 문제 때 사람으로 나중에 태자가령太子家令의
지위에 올랐습니다. 그는 태자의 신임을 얻어 가까이 지내면서 정
치력을 십분 발휘했는데, 해결하지 못하는 일이 없었기에 '꾀주머

니智囊'라는 별명을 얻었지요.

조조는 일찍이 태자의 교육에 대한 상소를 올린 바 있습니다. 그는 이상적인 군주들이 모두 '술수術數'를 알았다는 말로 글을 시작했습니다. 여기서 '술수'란 하늘의 이치天道, 즉 '자연의 섭리와 인간의 도리를 아우르는 사회 질서의 핵심'을 가리킵니다. 이상적인 군주들은 모두 이 '핵심'을 파악했기에 나라를 편안하게 다스리고 마음으로 따르는 백성을 얻을 수 있었습니다. 태자에게서 이러한 자질이 발견되지 않는 것은 황제의 큰 고민거리 가운데 하나였습니다. 어떤 사람들은 태자가 아예 성인들을 따라 배우려는 노력조차 하지 않는다고 비난했습니다. 그러나 조조는 전혀 다른 관점에서 이 문제에 접근했습니다. 그의 관점에 따르면, 태자는 공부를 하지 않는 사람이 아니라 공부하는 법을 모르는 사람이었습니다. 많은 책을 읽었지만 억지로 외운 내용이라 어디에 필요한지 모르고 현실에 어떻게 적용해야 하는지 몰랐던 것입니다. 그래서 그는 좋은 스승을 구해 가까이 두고 태자가 아는 것을 최대한 활용하도록 지도해야 한다고 주장했습니다. 황제는 그의 충고를 받아들여 이 최적의 인재를 태자가령으로 삼았습니다. 과연 조조는 '술수'를 아는 인물이었던 셈입니다.

군자의 배움이란 귀로 들이고
마음에 간직하며
몸으로 실천하는 것이다.

《설원說苑》

　　　　　　　　　　　　　군자君子는 어떤 사람일까요? 고
대 중국에서 군자는 원래 군주君主의 후예를 가리키는 말이었습니
다. 우리가 보통 아는 '성인군자聖人君子'의 개념이 처음 발견되는 것
은 공자와 제자들의 대화를 엮은 《논어》에서입니다. 공자는 최고의
인격을 갖춘 이상적인 리더를 '군자'라고 지칭했습니다. 군주 가문
에서 태어났다고 해서 모두 군자인 것은 아니며, 그만한 자질을 갖
추어야 비로소 군자가 될 수 있다는 공자의 주장은 당시로서는 엄
청난 파격이었습니다. 우리가 지금 군자를 인품과 능력을 두루 갖
춘 리더십의 이상으로 여기는 것은 모두 그의 가르침 덕분입니다.

군자가 되기 위한 공부는 어떤 것이었을까요? 고대에는 주로 모방과 답습에 의해 배움이 이루어졌습니다. 그래서 무엇보다 귀로 듣고 눈으로 보는 것이 중요했습니다. 두 가지 중에서는 귀로 듣는 것이 우선입니다. 옳고 그름을 판단할 수 있으려면 먼저 그 기준이 있어야 하는데, 그러려면 다른 사람의 견해를 듣고 비교하는 과정이 필요하기 때문입니다. 여러 가지 견해를 받아들여 비교하고 판단을 거듭해야 비로소 자기 기준이 확립됩니다.

이때 받아들이는 것은 머리가 아닌 마음으로 해야 합니다. 우리는 대개 머리로 판단한다고 여깁니다. 물론 머리는 판단에 관여합니다. 그러나 그 판단이 몸을 움직이는 실천과 연관되는 경우, 사람들은 대부분 마음의 결정을 따릅니다. 외부로부터 들어온 지식과 정보는 그 자체로는 의미가 없습니다. 그것이 우리의 신념과 연결될 때만 내재된 힘을 발휘합니다. 시비곡직是非曲直의 판단 기준이 머리가 아닌 마음에 간직되는 것은 이 때문입니다. 리더의 공부는 삶을 더 나은 방향으로 이끌어가는 데 목적을 둡니다. 다만 머리에 지식을 쌓는 공부가 아니라, 알고 있는 것을 몸소 실천하는 데 중점이 있습니다. 군자의 배움이 귀와 마음과 몸을 중시하는 이유입니다.

배우는 데 겨를이 없다고
말하는 사람은
비록 겨를이 있더라도
배울 수 없다.

《회남자淮南子》

　　　　　　　　　　세상에는 '바쁜 일'과 '중요한 일'
이 있다고 합니다. 현대인들은 대부분 '바쁜 일'에 쫓겨 '중요한 일'
을 놓치곤 합니다. 공부하는 학생의 경우, '바쁜 일'이란 시간에 쫓
겨 과제를 하거나, 다급하게 시험 준비를 하는 등의 일이 되겠지
요. 그런데 왜 과제를 하고 시험을 볼까요? 모두들 너무 바빠서 그
런지 정작 왜냐고 묻지 않는 듯합니다. 생각할 겨를이 없으니 무엇
이 '중요한 일'인지 헤아릴 기회를 잃는 셈입니다.

　　요즘은 아주 어린 친구들조차 서너 개의 학원을 다니며 하루 종
일 '공부'에 전념합니다. 심지어 영어 유치원에 입학하기 위해 어린

이집에 다닐 때부터 영어 학원에서 준비하는 경우도 적지 않습니
다. 그런데 영어 유치원을 다니며 영어 공부를 하는 것은 모두 이
후의 과정에서 보다 좋은 성적을 얻기 위해서입니다. 중등학교 과
정에서 좋은 영어 성적을 얻고자 하는 것은 대학에 입학하기 위해
서입니다. 대학에 가려는 것은 보다 좋은 직장을 구하기 위해서입
니다. 좋은 직장을 구하는 것은 어른이 되어서 보다 행복하게 살기
위해서입니다. 현대인의 '바쁨'은 이처럼 언제나 '내일'만 바라보고
있는 데서 옵니다. 내일을 위해 오늘을 희생하는 것이라고도 하겠
습니다.

　하지만 '내일'은 영원히 오지 않습니다. 내일은 우리에게 와서
곧 '오늘'이 되기 때문입니다. 결국 중요한 것은 내일이 아니라 오
늘입니다. 오늘 배울 겨를이 없다면, 내일도 배울 겨를이 없을 것
입니다. 오늘 '중요한 일'을 할 겨를이 없다면, 내일도 역시 정작
'중요한 일'은 하지 못할 것입니다.

서로 뒤엉켜 어지러우며
팔방에서 적이 몰려오는 것 같아도,
밀물처럼 몰아쳐 대응하면
막지 못할 바가 없다.

《단연적록丹鉛摘錄》

소식은 송시宋詩의 성격을 확립
하는 데 결정적인 역할을 한 시인이었을 뿐 아니라 사詞, 부賦, 산문
등 거의 모든 문학 장르에서 뛰어난 성과를 거둔 역대 최고의 문장
가였고 북송사대가北宋四大家를 대표하는 서예가였으며 문호주죽파文
湖州竹派의 화가로서 중국 문인화를 발전시키며 예술적 명성을 크게
떨친 인물입니다.

소식의 천재성은 동시대 사람들에게도 일종의 불가사의였던 모
양입니다. 후배들은 그의 박학다식과 다재다능이 배워서 익힐 수
있는 것인지 자주 물었습니다. 소식은 이러한 질문에 대해《한서》

읽기의 경험을 예로 들어 답한 바 있습니다. "책은 늘 처음부터 끝까지 다 읽었고 읽을 때마다 치도, 인물, 지리, 관제, 병법, 재화 등 각 항목 가운데 적어도 한 가지는 숙지하려고 애썼다. 그렇게 읽다 보니 항목마다 되풀이하지 않았는데도 그 내용에 두루 정통하게 되었다."

오늘날 역사 공부를 좋아하는 사람은 그리 많지 않습니다. 가깝게는 몇십 년에서 멀게는 수천 년이나 떨어진 시공간의 사실들을 시시콜콜 기억하는 일이 지루하고도 지난하기 때문입니다. 사람들이 역사 속 정보를 '나' 자신의 삶과 아무런 연관이 없다고 여기기 때문에 더 그렇습니다. 그러나 소식은 복잡하게 얽혀서 어지러운 사실이나 팔방에서 몰려들어 나를 버겁게 하는 엄청난 양의 정보라도, 하나씩 정복해나가다 보면 결국 모두를 세밀하게 알게 된다고 말합니다. 조수가 밀려왔다가 밀려가는 것처럼 쉼 없이 되풀이하는 동안에 그 지식들이 알게 모르게 터득되더라는 말입니다. 이러한 터득의 과정을 통해 이미 아는 '하나'가 다른 '하나'를 알게 하는 고리가 될 때, 우리는 '역사'가 종이 위에 빼곡히 적힌 의미 없는 기호가 아니라, 아득한 시간을 통해 '나'에게로 연결된 '삶'의 집적임을 깨닫게 될 것입니다.

홀로 생각하면
막혔을 때 통할 방법이 없고,
홀로 행하면
갇혔을 때 나아갈 방법이 없다.

《중론中論》

　　　　　　　나보다 앞서 이치를 깨달은 사람을 본받아 따르는 것은 가장 기본적인 배움의 방법입니다. 이처럼 먼저 이치를 깨닫고 나름의 성취를 거둔 사람을 우리는 선생이라 부릅니다. 선생은 시행착오를 통해 반드시 해야 할 일과 절대로 하지 말아야 할 일을 분별하게 된 사람, 즉 앎이라는 목적에 도달하기 위한 노하우를 가르쳐줄 수 있는 존재입니다. 학습은 선생이 하는 방식대로 따르면서 자신을 훈련하는 과정입니다. 우리가 아직 가본 적이 없는 곳에서 길을 잃지 않고 목적지까지 갈 수 있게 방향을 잡아주는 길라잡이가 선생인 것입니다.

　본받아 따를 만한 선생이 없을 때, 우리는 그들이 남긴 지침을 통해서도 배울 수 있습니다. 보통 그가 남긴 글이 길라잡이의 역할을 대신합니다. 이처럼 선생과 책은 모두 가르침을 줍니다. 차이가 있다면, 선생에게는 언제든 물을 수 있지만 책이 언제나 답을 하는 것은 아니라는 점입니다. 책을 통한 배움에서 우리는 정해진 지침에 따라 홀로 생각해서 깨닫고 스스로 행하여 결과를 얻어야 합니다. 두 가르침은 학생이 막다른 골목에 이르기 전에는 큰 차이가 없습니다. 그러나 막다른 골목에 이르면 그 차이는 무시할 수 없게 됩니다. 선생은 내 문제를 파악하고 새로운 방법을 제시하지만, 책은 내 문제를 파악할 수도 새로운 방법을 제시할 수도 없기 때문입니다. 그래서 홀로 하는 공부獨學는 위험합니다. 길라잡이 없이 내가 아직 가본 적이 없는 길을 횡단하는 일과 같이 막막하고 외롭습니다.

배움이란
흔들림 없는 고요함이어야 하며,
재주가 있다면 모름지기 배워야 한다.
배움이 아니라면 재주를 키우고
자라게 할 방법이 없으며,
흔들림 없는 고요함이 아니라면
배움을 이룰 수 없다.

《예문유취藝文類聚》

〈계자서誡子書〉, 즉 〈아들을 타일
러서 잘못이 없도록 주의를 주는 편지〉는 촉한蜀漢의 재상 제갈량
諸葛亮이 임종을 앞두고 어린 아들에게 주는 가르침을 담은 글입니
다. 이 편지의 수신자인 제갈첨諸葛瞻은 아버지가 세상을 떠났을 때
겨우 여덟 살이었습니다. 늦둥이 아들을 얻은 기쁨이 컸던 탓인지,
늘 공적인 입장을 취했던 제갈량도 형 제갈근諸葛瑾에게 보내는 서
신에서 예외적으로 아들에 대한 일을 적었습니다. "첨은 이제 여덟
살인데 매우 총명하고 사랑스럽습니다. 다만 지나치게 조숙해서
앞으로 큰 그릇이 되지 못할까 두렵습니다." 제갈량이 죽음을 앞두

고 아들에게 훈계하는 편지를 쓴 까닭이 짐작되는 대목입니다.

　제갈량은 겨우 여든여섯 자로 이루어진 이 짧은 편지에 앞으로 기나긴 인생을 살아가야 할 어린 아들에 대한 걱정과 바람을 고스란히 담았습니다. 편지는 다음과 같은 구절로 시작합니다. "군자의 행동은 흔들림 없는 고요함으로 몸을 닦고 낭비하지 않는 검소함으로 덕을 기르는 것이다. 욕심을 비워 담박하지 않으면 뜻을 밝힐 방법이 없고, 마음의 안정을 고요히 유지하지 못하면 멀리 이를 방법이 없다." 아들이 부족함 없는 군자로 성장하기를 바라는 아버지의 간절한 소망이 먼저 읽힙니다. 이어서 그는 타고난 재능을 키우는 배움의 방법에 대해 적었습니다.

　위의 글에서 그는 타고난 재능이 있더라도 배워야 성장할 수 있으며 고요한 마음으로 흔들림 없이 지속해야 배움을 이룰 수 있다는 점을 강조합니다. 어려서부터 넘치는 재능을 보여 사랑스러운 아들이 그 천성을 제대로 발휘하지 못하게 될까 노심초사하는 늙은 아버지의 마음이 절절히 와닿습니다. 1700여 년이 지난 지금도 이 가르침이 새삼스러운 이유입니다.

배우려는 이는
근원에서 시작해 끝을 보아야 하며,
가지와 잎을 찾으며
궁구해야 한다.

《춘추좌전집해春秋左傳集解》

공부에서 맞닥뜨리는 첫 번째 어려움은 어디서 시작할 것인지 결정하는 일이고, 이 결정을 혼자 하도록 내버려두지 않는 것이야말로 스승의 존재 이유입니다. 스승 없이 시작하는 공부는 그래서 어렵습니다. 아무것도 모르는 채로 가장 어려운 결정을 내려야 하기 때문입니다.

두예杜預는 삼국 통일에 혁혁한 공을 세운 장수이자 진晉나라의 숱한 정치, 경제, 예법 문제 등을 처리한 능신能臣이며 《춘추좌전》에 정통하고 박학다식한 학자였습니다. 맹장은 아니었으나 진퇴의 시기를 알아 패전하는 법이 없었고, 행정가로서의 수완을 발휘할 때

는 각 방면에서 처리하지 못하는 일이 없어 '두무고杜武庫'라는 별명
으로 칭송되기도 했습니다. 두무고란, 갖가지 무기가 들어 차 용도
에 따라 언제든 꺼내 쓸 수 있는 창고처럼 어떤 상황에서도 막힘없
는 두예라는 뜻입니다. 더욱이 그는 자타가 공인하는 '좌전벽左氏癖'
이었습니다. 《좌전》에 대해서는 모르는 것이 없는 마니아였던 셈입
니다. 이론과 실제는 다릅니다. 이론에는 밝지만 현실에는 무기력
한 학자도 있고, 실전에는 밝지만 이론에 대해서는 전혀 무지한 실
천가도 있습니다.

　　그런 면에서 두예는 우리가 지향하는 완벽하게 이상적인 인재
의 모델을 보여줍니다. 자신이 알고 있는 것을 몸으로 실천하며 언
제나 소기의 성과를 거두었기 때문입니다. 본받고 따라 배울 스승
으로 손색이 없다 할 것입니다. 그런 그가 말합니다. 배움은 근본
으로부터 말단까지 일관되는 바가 있어야 하며, 세부에 대한 이해
에서 시작해 모든 현상의 근원까지 막힘없이 나아가야 한다고. 이
는 이론과 실제가 유리되지 않고 부합하기 위해 우리가 한시도 잊
지 말아야 할 원칙입니다.

선비의 배움은 근본을 귀히 여기고
말단을 가벼이 여긴다.
큰 사람은 흐드러지게 꽃을 피우기에만
힘쓰지 않으며, 군자는 다만
결실을 맺는 데 힘쓸 뿐이다.

《잠부론潛夫論》

동한 말은 외척과 환관의 전횡
으로 어지러운 세상이었습니다. 변방의 빈한한 가문 출신이었던
왕부王符는 시류에 편승하지 않으며 도가의 자연관과 순자의 윤리
관을 받아들였고, 절검節儉과 도의道意를 주장하며 당시 사회의 모순
을 예리하게 비판했습니다. 한편으로 그는 남에게 자신을 드러내
기 싫어해 평생 출사하지 않고 몸을 숨긴 채 절개를 지키며 조용히
은거했습니다. 절신節信이라는 그의 자字는 난세를 대하는 그의 태
도와 연관되며, 《잠부론》이라는 책의 제목 또한 은사라는 그의 신
분을 새삼스럽게 환기합니다.

이 글에서 왕부는 우선 배움에서는 근본을 중시해야 한다고 주장합니다. 사소한 지식이나 정보를 암기하는 일보다 그 지식이나 정보에 작용하는 원리를 깨우치는 것이 중요합니다. '사물을 파악함으로써 앎에 이르는格物致知' 학문의 방식이 목적하는 바는 '앎에 이르는 것'이지 '사물을 파악하는 것' 자체가 아닙니다. 이른바 '물고기를 얻고 나서는 통발을 잊는다得魚忘筌'라는 장자의 말 또한 여기서 그리 멀지 않습니다.

나아가 그는 군자라면 남의 눈길을 끌기 위해 학문을 닦아서는 안 된다고 주장합니다. 그리고 오로지 결실을 맺는 데 힘써야 한다고 말을 잇습니다. 결실이란 바로 사물의 이치를 깨닫는 일에 다름 아닐 것입니다. 왕부보다 앞선 시기를 살았던 반고班固는 "기예는 스스로 세우는 것이요, 이름은 남이 이뤄주는 것"이라는 말로 재능이 남다른 아우의 행동거지를 단속했습니다. 옛 선비들의 가르침은 시대와 지역이 달라도 하나로 이어짐을 절감합니다.

어려서는 뜻이 한 가지로 향해
잘 잊지 않았는데,
자라서는 마음이 제멋대로 날뛰어
쉬이 잊게 됐다.
그러므로 배움을 닦으려거든
일찍부터 힘써야 한다.

《포박자抱朴子》

　　　　　　　　어른들 말씀에 공부에 때가 있
다 합니다. 나이는 숫자에 불과하다면서, 왜 공부에는 때가 있다고
할까요? 어릴 때 공부해야 하는 첫 번째 이유로 꼽는 것은 거의 언
제나 기억력입니다. 인간의 기억력은 태어나자마자 발달하기 시작
해 열 살까지 급속한 성장 곡선을 그리다가 스무 살을 전후해 서서
히 퇴보합니다.

　　갈홍葛洪은 이러한 기억력의 변화를 마음의 변화와 연결 짓습니
다. 어릴 때는 뜻이 한 가지로 향해서 무엇을 보거나 들어도 쉽게
잊어버리지 않지만, 자라서는 마음이 제멋대로 날뛰며 온갖 방향

으로 향하기 때문에 기억까지 잃어버리기 쉽다는 것입니다. 심성의 변화는 결국 우리 삶을 둘러싼 조건의 변화에 영향을 받습니다. 성장을 하면서 단순했던 생활은 번다해지고, 기억해야 할 정보는 늘어나며, 복잡한 사고를 거듭해야 하는 피곤한 상황이 이어집니다. 그러다 보면 결국 기억력은 점점 쇠퇴합니다.

그러니 어려서 쌓아둔 지식의 양이 적다는 것은 마치 집을 지어야 할 때에 재료가 부족한 상황과 같습니다. 집을 지으려면 미리 충분한 재료를 쌓아두어야 합니다. 쓰지 않을 목재라도 모자라느니 남는 편이 낫습니다. 우리의 삶이 복잡다단해지기 전에, 우리의 마음이 여러 갈래로 흩어지기 전에, 아직 마음을 한 곳에만 집중할 수 있을 때 공부를 시작하는 것이 좋습니다. 틀림없는 말씀입니다. 그러나 때를 놓쳤다고 해서 포기할 필요는 없습니다. 기억력의 변화가 마음의 변화에 따른 것이라면, 마음을 변화시켜 기억력을 변화시킬 수도 있습니다. 관건은 우리가 한 가지에 마음을 쏟을 수 있느냐의 문제입니다.

가장 좋은 가르침을
스승으로 삼기에
늘 모시는 스승이 없다.

《귀곡자鬼谷子》

〈붉은 지붕들〉이라는 샤갈의 그
림이 있습니다. 하인리히 롬바흐는 이 그림을 한 작가의 예술 세계
가 완성되는 과정을 그린 것으로 이해합니다. 그림은 세 가지 색채
로 구분되며 그 각각은 서로 다른 세계를 재현합니다. 붉은색으로
표현된 작가 자신은 이 세계들에 걸쳐 있으며, 그로 인해 세계들은
연관됩니다. 작가는 자신의 발전에 대해 한 세계에, 아니, 여러 세
계에 감사를 드립니다. 자신이 가로지른 세계들의 연관을 통해서
그가 성장해왔기 때문입니다.

인간은 한 세계 안에 존재함으로써 앎을 시작합니다. 어디에도

존재하지 않은 채로 앎을 시작할 수는 없습니다. 앎이란, 결국 그
가 속한 세계에 대한 정보를 습득하고 이해함으로써 얻어지는 것
이기 때문입니다. 따라서 공부의 시작점이 앎의 전부일 수는 없으
며, 자신이 속한 세계가 확장하는 한, 인간은 끊임없이 새롭게 배
우며 거듭해 익혀나가야 합니다. 우주는 무한하고 인간은 유한한
존재이기 때문입니다.

　　다른 세계를 만나면서 한 사람이 원래 알고 있던 세계에 대한
앎은 새로운 세계에 대한 앎과 충돌합니다. 충돌하는 앎들 사이에
서 취해야 할 것을 가늠하고 알아낸 것들을 갈무리하며 버려야 할
것들을 가름하면서, 인간의 인식은 새로운 지평으로 나아갑니다.
부단히 이 과정을 반복함으로써 우리가 인식하는 세계는 확장됩니
다. 그러므로 가장 좋은 가르침을 구한다면 단계마다 새로운 스승
이 필요합니다. 가장 좋은 가르침을 스승으로 삼기에 늘 모시는 스
승이 없다는 말은 이와 같은 의미입니다. 늘 모시는 스승은 없지만
우리가 살아야 할 모든 세계에서 스승은 필요합니다. 좋은 스승은
언제나 존재하는 법이지요.

배움에서는
널리 들을 수 있는 것을
귀히 여긴다.

《안씨가훈顔氏家訓》

위진남북조는 중국 역사상 가장 혼란했던 시대 가운데 하나이자 다양한 민족과 언어, 종교와 문화가 충돌하고 교차했던 대융합의 시대이기도 합니다. 한자라는 문자에 기초한 중원의 문화는 이 시기 장강 이북 지역을 점령한 이민족을 통해 불교 등 외래 종교를 받아들이고 토착 종교인 도교를 성장시키며 외부 세계로부터 언어와 음악, 음식, 의복, 풍습 등 다채로운 물질문명과 정신문화를 한껏 흡수했습니다. 바깥으로부터의 자극에 의해 고인 물처럼 정체되었던 세계가 갑작스레 움직이기 시작한 것입니다. 《박물지博物誌》와 《수신기搜神記》 등 한 시대를 풍미

한 지리박물체地理博物體의 유행은 이와 같은 세계의 확장을 확인시
켜줍니다. 간접적으로 전해 들었거나 직접 보고 확인한 모든 것을
글로 적어 남기는 이러한 풍조는 당시 사람들의 공부법에도 자연
스럽게 영향을 주었습니다.

　실용과 상식, 합리성을 중시했던 안지추顔之推도 배움에서는 널
리 전해 듣는 것을 귀히 여겨야 한다고 주장했습니다. 가깝고 먼
나라와 도시들, 산과 강의 형세, 관직과 제도의 차이, 가문과 성씨
계보, 의복과 음식의 다양함, 도구와 그릇의 용도, 제도의 같은 점
과 다른 점 등 모든 것은 배울 만한 가치가 있습니다. 그러나 그가
이 모든 잡다한 정보에 관심을 둔 것은 이 과정을 통해 축적되는
지식에 어떤 근본이 있다고 믿었기 때문입니다. 널리 듣는 것은 듣
고 알게 된 여러 정보를 하나로 관통하는 진리에 이르기 위한 첫걸
음일 뿐입니다.

반석 속에는 본디
불이 들어 있지만,
치지 않으면
연기가 나지 않는다.

《맹동야집孟東野集》

맹교孟郊는 당대唐代의 유명한 시
인이었습니다. 그의 작품은 기발한 착상과 처연한 분위기를 띠어
"맹교의 시는 서늘하고 가도의 시는 야위었다"라고 일컬어졌습니
다. 그는 소박한 고풍을 추구해 오언고시五言古詩에 특히 뛰어났는
데, 〈유자음遊子吟〉은 어머니의 사랑을 읊은 최고의 절창으로 손꼽
힙니다. "먼 길에 해어질까 촘촘하게 꿰매는데, 더디게 돌아올까
마음마저 시름 겹네"라는 구절은 담담한 필치로 먼 길 떠날 아들의
내일을 걱정하는 한편으로 떠나기도 전부터 아들을 그리워하는 어
머니의 사랑을 절절하게 표현했습니다.

<권학勸學> 또한 오언의 시입니다. 거무튀튀한 돌멩이를 보고 안에 불씨가 숨어 있음을 알아보는 사람은 거의 없습니다. 두 개의 돌멩이가 맞부딪쳐야 불꽃이 일어나고 마른 풀에서 연기를 내는 법입니다. 시는 이처럼 우리 주변에서 쉽게 찾아볼 수 있는 사소한 현상을 무심하게 던지며 읊기 시작합니다. 곰곰이 되씹건대, 겉으로 드러나는 화려함이 없으면 사람도 첫눈에 가치를 인정받지 못한다는 말맛이 우러납니다.

또 이 말머리는 "사람은 배워야 비로소 이치를 알게 되며, 배우지 않았는데 절로 그렇게 되는 것이 아니다. 모든 일은 스스로 움직여야 하며, 남이 얻은 것은 나의 현명함이 될 수 없다"라는 신념을 전하기 위한 포석이기도 합니다. 맹교는 뛰어난 문학적 재능을 지니고 있었지만, 중년에 이르러서야 겨우 과거에 급제했고 관운도 순탄치 않아 품은 뜻을 제대로 펼치지 못했습니다. 그래서인지 배움을 권하는 이 시는 다급한 심정을 내비치며 끝맺습니다. "젊은 이는 일찍부터 힘써 배워야 하나니, 어찌 영원토록 소년일 수 있으랴!"

배움은 널리 알고
많이 들어
옛날을 알고
지금도 아는 것이다.

《예기정의禮記正義》

        어린아이의 재주가 뛰어나고 영리한 것을 보고 어른들은 곧잘 '총명하다'고 말합니다. 공부하는 수험생들을 위해 준비하는 머리 좋아지는 약의 이름은 '총명탕'입니다. 왜 '총명'일까요? '총聰'은 귀가 밝다는 뜻이고, '명明'은 눈이 밝다는 뜻입니다. 사전에서 총명하다는 말은 "보거나 들은 것을 오래 기억하는 힘이 있다"로 풀이됩니다. '보거나 들은 것'을 달리 말하면 '견문見聞'입니다. 배움의 방법으로는 견문을 넓히는 것보다 나은 것이 없습니다. 어째서 그럴까요?

    보거나 듣는 것은 문자가 없었던 시절부터 인류가 정보를 모으

는 데 사용했던 가장 기본적인 방식이었습니다. 이런 시대에 배움
은 기본적으로 먼저 경험한 사람의 말을 전해 듣고 따라서 실천하
는 일이었습니다. 직접 경험할 수 있는 것은 눈으로 보고, 그리하
지 못하는 것은 귀로 들어 간접 경험합니다.

'널리 안다博識'라는 것은 보고 들은 것이 많아 판별하는 능력을
갖추었다는 의미입니다. '많이 듣다多聞'라는 것은 새로운 정보를 끊
임없이 받아들일 수 있음을 가리킵니다. '널리 알고 많이 듣는 것'
은 동시대의 공시성에 국한되지 않습니다. 우리는 문자를 통해 직
접 경험할 수 없는 과거에 대해서도 간접적으로 경험할 수 있습니
다. 지나간 일에 대해서도 알고 지금 일어나는 일에 대해서도 알아
야 참으로 배운 사람입니다. 총명하다는 것은 머리가 좋다는 뜻이
아니라, 직간접적으로 많은 경험을 했다는 뜻입니다. 경험보다 더
좋은 배움의 방법은 없습니다.

왕이 되는 사람은
많이 들어 아는 이를 구함으로써
기업을 세우고,
옛 가르침을 따라 배워야
얻는 것이 있다.

《고문상서전古文尙書傳》

《상서尙書》는 전설적인 제왕인 요순 임금으로부터 하나라 우왕, 상나라 탕왕, 주나라의 문왕과 무왕 등 고대 중국의 제왕들이 내린 명령이나 포고 등 '상고시대의 공문서上古之書'를 엮은 책으로 이후 경전으로 숭상되었기에 '서경書經'이라고도 불립니다.

위의 글은 상 왕조의 중흥을 이룩한 고종高宗 무정武丁이 부열傅說과 나눈 대화를 기록한 〈열명說命〉 편에 보입니다. 부열은 원래 부암傅巖이라는 곳에서 성벽을 쌓던 죄인이었는데, 무정 왕이 꿈에 자신을 도와 정사를 펼칠 현인賢人을 보고 그를 찾아 재상으로 삼았다고 합니다. 부열은 여기서 왕이 되는 이가 마땅히 해야 할 일을 두 가지로 논하고 있습니다. "첫째, 많이 들은 사람을 구해 일을 처리 하도록 한다. 둘째, 마땅히 옛 가르침을 따라 배워야 얻는 것이 있 다."

문자가 보급되기 이전에는 '듣기'가 정보와 지식을 획득하는 가 장 기본적인 수단이었습니다. 많이 들었다는 것은 곧 많이 안다는 의미입니다. 간접적인 경험이 풍부하다는 뜻도 됩니다. 보고 듣기 는 직간접적인 경험 모두를 아우릅니다. 나랏일을 볼 수 있는 사람 은 남보다 더 많이 보고 많이 들어서 경험이 풍부한 사람이어야 합 니다. 그러나 그보다 더 중요한 것은 바로 '옛 가르침을 따라 배우 는 것學於古訓'입니다. 옛 가르침이란 결국 조상들의 축적된 경험에 다름이 아닙니다. 동시대의 지식과 정보를 획득하는 것은 물론 중 요하지만, 위로부터 내려온 축적된 경험을 이해하지 못한다면 이 는 뿌리 잃은 나무와 매한가지입니다. 뿌리가 없는 나무는 결국 말 라죽기 마련이겠죠.

배움에 힘쓰는 것은
스승을 구하는 데 힘쓰는 것만 못하다.
스승은 사람 가운데
따라 배울 만한 본이기 때문이다.

《법언法言》

《법언》은 양웅이 어지러워진 서
한 말기의 사회 문제를 해결하고 옛 성인의 사상에 근거해 법도와
규범을 다시 세우고자 쓴 책으로《논어》《근사록》과 함께 유가의 3
대 저작입니다. 양웅은 이 책에서 정치, 경제, 사회, 역사, 문화, 교
육, 군사 및 여러 제도와 문물을 총망라해 문답 형식으로 13개의
커다란 주제에 관한 자신의 사상을 풀었습니다. 이 가운데 〈학행學
行〉 편은 양웅의 인식론적 기반을 여실히 드러냅니다. 그는 이 글에
서 학문의 이치라는 것은 결코 '나면서부터 곧 알 수 있는 것生而知之'
이 아니며 배움의 과정을 통해서만 획득할 수 있다는 입장을 분명

히 하고 있습니다.

　양웅은 배움에 힘쓰는 것이 스승을 구하는 데 힘쓰는 것만 못하다고 했습니다. 배움은 여러 경로로 다양한 방식을 통해 얻을 수 있습니다. 오늘날과 같이 미디어가 발달하고 공교육 외에 다양한 교학의 장이 마련된 시대에 '배움'이란 사람의 '의지'만 있으면 언제, 어디서나, 어떻게든 가능한 것으로 보입니다. 그러나 지식과 정보가 지나치게 많은 까닭에 이를 '간추려 밝히고 세워 확실히 하는' 능력을 키우기란 도무지 쉬운 일이 아닙니다.

　바로 이 문제를 해결하는 방법으로 양웅이 내세우는 것이 '좋은 스승'입니다. 스승이란 학문의 이치를 구하기 위한 길을 먼저 가본 사람입니다. 시행착오를 먼저 겪으며 그 문제들을 극복하는 방법을 고민해왔기에 상대적으로 실수가 적은 효율적인 방식을 알고 있습니다. 배움의 과정을 통해 먼저 훈련되어 다듬어졌기에 따라 배울 만한 본이 되는 사람입니다. 우리가 배움을 위해 좋은 스승을 먼저 구해야 하는 이유입니다.

3 장

書

–

어떻게 쓸 것인가

나이가 들자 늘 손으로
구경을 베껴 썼다.
책을 읽는 것이 책을 베껴 쓰는 것만
못하다고 여겼기 때문이다.

《학림옥로鶴林玉露》

　　　　　　　　　한동안 손으로 베껴 쓰기, 즉
필사筆寫가 유행했습니다. 늘 모니터나 스마트폰을 들여다보기 바
쁜 디지털 시대의 사람들이 찾아낸 디톡스와 힐링 방법입니다. 아
닌 게 아니라, 연필이나 붓, 펜을 쥐고 종이를 마주하면 어쩐지 마
음이 차분해집니다. 종일 치받고 앞을 다투던 생각들이 시키지 않
아도 알아서 줄을 서는 느낌입니다. 눈으로 본 줄글이 간추려진 생
각과 함께 한 글자씩 순서대로 빈 종이 위로 옮겨 와 자리를 잡습
니다. 손으로 베껴 쓴다는 것은 온몸을 사용하는 독서 행위인 셈입
니다. 눈과 귀와 손, 우리 몸의 서로 다른 기관들이 저마다 딴 일을

하지 않고, 오롯이 써 내려가는 글자와 그 의미에 집중합니다. 그래서 필사는 집중력이 흩어지고 기억력이 나빠지는 사람들에게 더욱 도움이 됩니다.

장참張參은 《시경詩經》《상서》《예기》《주역》《춘추》, 즉 오경의 오류를 교정하고 《오경문자五經文字》를 편찬했습니다. 아마도 어려서부터 수없이 많은 책을 읽었을 것이고, 책마다 다른 점을 알아볼 정도로 기억력이 좋았을 것입니다. 그러나 한 사람이 기억할 수 있는 정보의 양은 무한대가 아닙니다. 지식이 쌓일수록 기억의 양은 늘어나고 삭제되는 속도는 빨라집니다. 번잡한 생활의 경험은 더 많은 생각의 갈피를 만들어냅니다. 나이가 들수록 집중력이 흩어지고 기억력이 나빠진다고 느끼는 이유입니다. 디지털 시대의 인물은 아니지만, 장참 또한 손으로 베껴 쓰기라는 방법을 찾아냈습니다. 다만 눈으로 보기보다는 온몸의 감각을 사용하는 것이 훨씬 효과적임을 경험으로 깨달았기 때문이겠죠. 머리는 기억의 저장소일 뿐입니다. 우리는 눈과 귀와 코와 입, 온몸의 감각으로 기억하는 존재입니다.

사람의 생각은
샘이 솟는 것과 같아서
길어낼수록 새로워진다.

《어록語錄》

　　　　　　　　아끼는 것이 찌로 간다는 말이
있습니다. '찌'는 어린아이의 말로 '똥'을 가리킵니다. 좋은 물건을
애지중지하다가 쓰지도 못하고 버리게 된다는 뜻입니다.

　모든 것에는 주어진 수명이라는 것이 있습니다. 자동차는 삼 년
이 지나면 잔 고장이 는다고 하고, 전자제품의 수명은 대개 십 년
을 좌우합니다. 좋은 재료로 만든 물건도 세월이 지나면 낡고 바래
기 마련입니다. 가죽으로 만든 물건은 쓰거나 쓰지 않거나 이십 년
쯤 되면 삭습니다. 그러므로 물건은 그 나름의 효용을 다해 써야
합니다. 삭기 전에, 낡고 바래기 전에, 고장이 나서 더는 잘 쓰지

못하게 되기 전에 기능을 다해 '써야' 합니다. 써봐야 잘 쓰는 법도
압니다.

　사물만이 아닙니다. 사람의 생각도 마찬가지입니다. 좋은 생각
을 좋은 조건에서 잘 쓰고 싶은 것이 당연한 욕심입니다. 그래서
사람들은 좋은 생각이 잘 익을 때까지 묵혀두기도 합니다. 물론 익
지 않은 생각은 묵혀두어야 합니다. 그러나 언제까지고 그 생각을
아끼기만 해서는 안 됩니다. 말이나 글로 드러나지 않는 생각은 아
직 손질하지 않은 재료와 같습니다. 맛있는 음식을 위해서는 좋은
재료를 잘 손질해서 준비해두어야 하는 것처럼, 좋은 생각도 쓰기
좋게 말과 글로 정리해두어야 합니다. 그렇게 써보아야 다음에도
그만큼 좋은 것을 그보다 더 잘 쓸 수 있습니다. 우물쭈물하다가는
결국 가장 좋은 때를 놓치고 맙니다.

　하우스 재배를 하더라도 계절 과일은 제철에 먹어야 제 맛입니
다. 가장 좋은 것은 언제나 '지금'이어야 합니다. 그래야 '더 좋은'
다음을 잡을 수 있습니다. 써보지 않으면 좋은지 나쁜지 알 방법이
없습니다. 해봐야만 무엇이 문제인지 압니다. 그래야 더 나아질 수
있습니다.

예부터 책은 많지만
다 아름다운 것은 아니다.
글을 쓰는 사람이라면
모름지기 배움의 산과 호수에서
채집할 것은 채집하고 벌목할 것은
벌목하며 낚을 것은 낚고
사냥할 것은 사냥해야 한다.

《포박자抱朴子》

　　　　　　　　　　　　　책은 마음의 양식이라 합니다.
음식이 우리 몸에서 피를 만들고 살을 찌우고 뼈를 키우는 것처럼
책은 마음의 피와 살과 뼈를 성장시킵니다. 좋은 책을 골라 읽어
야 하는 것은 그 때문입니다. 좋은 음식을 골라 먹어야 건강에도
이롭지 않던가요! 물론 몸에 나쁘다는 것을 알면서도 입맛을 돌게
하는지라 손이 가는 먹거리가 있습니다. 우리는 대개 이런 먹거리
의 유혹에 곧잘 무너지고, 먹고 탈이 난 뒤에야 비로소 뒤늦게 후
회합니다.

　　세상에는 한 사람이 평생을 읽어도 다 읽지 못할 만큼 많은 책

이 있습니다. 다행인지 불행인지, 우리가 이 모두를 읽을 필요는 없습니다. 이들 책이 다 가장 아름다운 가치를 지닌 것은 아니기 때문입니다. 때로는 읽고 싶지만 절대 손에 넣을 수 없는 책도 존재합니다. 책을 통해 배우는 일은 마치 산천을 누비며 채집하고 사냥하는 일과 같습니다.

세상의 모든 나무에서 열매를 따고 모든 산의 나무를 베며 물에 사는 모든 물고기를 낚고 숨어 있는 모든 짐승을 잡을 수는 없습니다. 채집하는 사람이라면 먹을 만한 열매를 손이 닿는 곳에서 딸 것입니다. 벌목하는 사람이라면 필요한 만큼 어지간하면 적은 힘을 들이면서 나무를 할 것입니다. 낚시하는 사람이라면 계절에 따라 기후에 따라 구할 수 있는 미끼에 따라 다른 물고기를 낚을 것입니다. 사냥하는 사람이라면 자신이 잡으려는 사냥감의 생리를 파악해서 목표를 두고 사냥할 것입니다.

책에서 무엇인가를 배우고 나서 깨우친 앎을 글로 써내려는 사람도 이와 같이 해야 합니다.

더불어 같이 하는 것이나
달리 하는 것은 고금을 가리지 않았으며,
겉으로 꾸미고 이치를 나누는 것에서는
오직 각기 좋은 점을 취하여
절충하는 데 힘썼다.

《문심조룡文心雕龍》

　　　　　　　　　　유협劉勰의 《문심조룡》은 위진남
북조 시기의 대표적인 문학 비평 이론서입니다. 이전까지 중국에
서 '문文'은 학문 전반을 가리키는 용어로 인식되었습니다. 문학은
이 시기에 이르러서야 비로소 독립적으로 사유되기 시작했습니다.
"언어는 마음의 소리이며 문자는 마음의 그림이다"라는 양웅의 선
각자적 선언이 놀라운 것은 이 때문입니다.

　　오늘날 우리가 문학과 같은 예술에서 중시하는 것은 남다른 독
창성입니다. 그러나 이 남다름은 감상자들이 동의하고 공감할 수
있는 진리나 진실을 담고 있어야 합니다. 예술은 보편을 추구하는

동시에 특수를 지향하기 때문입니다.

　　보편과 특수 사이에서 무엇을 선택하고 어떻게 조합해서 오롯이 '나'를 표현하느냐를 고민하는 것은 예술가의 숙명입니다. "예부터 사람들이 말해왔던 대로 같이 하는 것은 소신 없이 남을 따른 것이 아니라 형세로 보아 달리 할 수가 없기 때문이요, 앞서 말했던 사람들과 달리 하는 것은 굳이 다르고자 애를 쓴 결과가 아니라 이치가 같을 수 없는 까닭이다"라는 유협의 변명 아닌 변명은 그래서 절실합니다. 진리나 진실은 둘이 아니기 때문에 모든 예술가는 결국 한결같은 근원으로 향하게 됩니다. 그러나 동시에 그는 자신의 특이성을 언어와 문자, 혹은 다른 기호를 통해 표현해야만 합니다. 독창성을 인정받지 못한다면 그의 존재는 예술가로서 의미가 없습니다.

　　다른 사람들과 같은 이야기를 담게 되는 것은 그것이 진리이자 진실이기 때문입니다. 다른 사람들과 다른 이야기를 풀어가는 것은 다름을 위한 다름을 추구한 결과가 아니라 남다르게 표현할 수밖에 없는 스스로의 지향 때문입니다. 보편과 특수, 같음과 다름의 균형을 유지하려는 긴장 속에서, 예술가는 성장합니다.

원준은 일찍 아비를 여의었으나
뜻이 도타우며 학문을 좋아했다.
집이 가난해 책이 없었으므로
늘 다른 사람을 따르며 책을 빌렸고
반드시 모두 베껴 썼다.
스스로 하루 쉰 장씩 베껴 쓰기
과제를 부여하고
종이의 수를 채우지 못하는 한
쉬지 않았다고 한다.

《양서梁書》

원준袁峻은 동한 말 명문가 가운
데 하나였던 원씨 가문 출신으로 위魏나라에서 낭중령郞中令을 지낸
원환袁渙의 8대손입니다. 역사는 "당시 세도가 자제들은 대부분 법
도를 어기고 제멋대로 행동했지만, 원환은 청아하고 고요하며 행
동하는 데 있어 반드시 예법을 따랐다", "원환은 외모가 온화하고
부드럽다. 그러나 대의가 걸린 상황에 직면하거나 위태하고 어지
러운 상황을 앞둔다면, 맹분孟賁이나 하육夏育과 같은 전사라 해도
그보다 더 용감하지 못할 것이다"라 적고 있습니다. 시퍼런 칼날로
위협하는 여포 앞에서도 잘잘못을 가리며 설득했던 일화나, 황제
를 끼고 천하를 호령하는 조조 앞에서도 둔전법의 문제를 지적하
며 개선하도록 설득한 일화는 이러한 평가가 넘치지 않음을 증명
합니다. 청렴함과 공정함으로 모든 이의 존경과 사랑을 한 몸에 받
았던 원환은 난세에도 노블레스 오블리주를 실천한 지식인의 참된
롤 모델입니다.

원환의 후예인 원준은 어려서 아버지를 여의고 가난을 면할 수
없는 환경에서 성장했습니다. 가난한 사람의 공부란, 궁색함을 면
하기 어렵습니다. 읽고자 하는 책을 구하기 위해서는 늘 다른 사람
에게 아쉬운 소리를 하며 몸을 낮추어야 했을 것입니다. 전란의 시
대였으니 생계를 유지하는 일도 쉽지 않았겠죠. 그러나 그는 오히
려 학문에 둔 뜻을 도탑게 하였습니다. 뜻이 도탑다는 것은 그 마

음을 날마다 새롭게 다지며 변함없이 실천함을 의미합니다. 그는 "스스로 하루 쉰 장씩 베껴 쓰기 과제를 부여하고 종이의 수를 채우지 못하는 한 쉬지 않았다"고 합니다. 스스로의 다짐과 실천이 그를 본받아 배울 만한 스승으로 만든 셈입니다.

경험과 끈질긴 사유의 과정만이 우리를 온전한 앎으로 인도한다.

나는 어려서부터 책을 베껴 쓰기 좋아했고
늙어서 더욱 그 일에 힘썼다.
잠깐 본 것이라도 모두 적었으므로
나중에는 다시 찾아볼 필요가 없게 되었고,
기분이 나면 글을 써 내려가는 습관이
어느새 성정의 일부가 되어 쓰면서도
피곤한 줄 모르게 되었다.

《양서梁書》

왕균王筠은 남조 양나라 때 사람
으로 어릴 때부터 글씨를 쓰고 문장을 짓는 데 능했던 인물입니다.
중국 문학사에서 미문美文으로 극찬을 받는 〈작약부芍藥賦〉를 지었을
때, 그의 나이는 불과 열여섯이었습니다. 그의 작품은 심약沈約, 사
조謝朓 등 당시 문단의 대가들에게 높이 평가받았습니다. 특히 음운
音韻에 밝아 사성四聲의 청탁을 구분한 심약은 그 작품의 음악성에도
찬탄을 금치 못하며 자주 읊었다고 합니다.
　무엇이 그를 당대의 명문장가로 만들었을까요? 왕균은 어려서
부터 다른 사람의 글을 베껴 쓰기 좋아했고, 스스로 정리하거나 지

은 글만 해도 백여 권에 달했습니다. 손으로 글을 옮겨 쓰는 행위는 귀로 듣거나 눈으로만 읽는 것과는 달리 물리적인 흔적을 강하게 남깁니다. 필사는 단순히 듣거나 보는 것에 비해 더 많은 힘과 시간을 필요로 합니다. 이 시간과 힘을 아끼지 않는 '노력'이 바로 필사한 내용을 온전히 옮겨 쓰는 사람의 것으로 만드는 '자기화'의 동력입니다. "손으로 쓰면 지우기 어렵기 때문에 한 번 더 고민하고 글씨를 쓰게 되며 이 과정에서 생각하는 힘이 세진다"라는 주장도 있습니다. 옮겨 쓰는 과정에 들이는 시간이 생각할 여유를 만들고 몸의 움직임이 사고의 계기로 작용하는 까닭입니다. 쓰면서 읽으면 눈으로만 읽을 때보다 두뇌 활동이 활발해진다는 연구 결과도 있습니다. 왕균은 잠깐 보고 지나갔다면 쉽게 잊었을 내용까지 일일이 적어두었습니다. 그래서 다시는 찾아볼 필요가 없을 정도로 기억하게 되었고, 필사하는 버릇이 몸에 배어 많이 쓰더라도 지치거나 물리지 않았습니다. 필사가 자연스레 자기 글을 짓는 동력이 된 것입니다. 천여 년 전 사람들에게도 '필사의 힘'은 이미 상식이었던 모양입니다.

글을 쓰고자 하면
세 가지가 많이 있어야 한다.
많이 보고,
많이 쓰고,
많이 헤아리라.

《후산시화后山詩話》

　　　　　　　　글을 쓴다는 것은 집을 짓는 일
과도 같습니다. 집을 짓는 것은 하나의 세계를 만드는 일입니다.
자리를 보아 기둥을 세우고 지붕을 덮습니다. 자리를 보고 정함으
로써 세계의 조건이 형성됩니다. 기둥을 세움으로써 세계의 중심
이 결정되고 질서의 축이 생깁니다. 지붕을 덮지 않는다면 아무리
기둥이 많아도 집이 아닙니다. 세계는 지붕으로 완성됩니다.
　이미 쓰인 글을 많이 보는 일은 자리를 보는 일에 해당합니다.
많은 정보를 널리 받아들여 좋은 글과 나쁜 글을 가름하는 안목을
키우고 내가 써낼 작품의 위치를 가늠하는 과정입니다. 좋은 글을

많이 읽을수록 좋은 글을 고를 안목이 생기고 좋을 글을 쓸 능력과 기술도 다듬어집니다.

쌓인 지식과 다듬어진 안목으로 골라낸 제재들을 직접 여러 형태의 글로 써보는 일은 세계의 중심을 정하고 질서의 축을 만드는 과정입니다. 글의 기둥들을 가다듬을 수는 있지만, 옮겨 세우기는 쉽지 않습니다. 따라서 신중할 수밖에 없는 일입니다.

헤아리는 일은 사실 혼자서만 하는 일이 아닙니다. 무엇을 어떻게 써야 할지 고민하는 것은 스스로의 몫이지만, 어디서부터 어떻게 고쳐나가야 할지 고민하는 것은 여러 사람의 도움을 받는 편이 좋습니다. '헤아릴 상商' 자는 밖에서부터 안을 헤아려 아는 것을 가리킵니다. '헤아릴 량量' 자는 정해진 규격의 용기로 재고 헤아리는 것을 가리킵니다. 헤아리는 방법에는 이처럼 여러 가지가 있습니다. 안에서부터 헤아릴 수도 있고, 밖에서부터 헤아릴 수도 있습니다. 내가 스스로 깨우쳐 알 수도 있고, 남이 알려주어서 미처 알지 못하던 것을 깨우칠 수도 있습니다. 안팎에 많은 헤아림이 있을수록 더 잘 다듬어집니다. 흔들리지 않는 중심 위에 지붕을 놓아야 세계가 완성됩니다.

이미 넘쳐서 충분하다 함은
배우고 묻는 데서 시작해
넓혀서 들어맞기에 이르는 것이다.

《기구속문耆舊續聞》

학문이란 정보를 받아들이고 자
기화하는 과정이며, 글쓰기는 이와 같이 내면화한 지식을 나름의
방식으로 표현하는 것입니다. 배우고 익히는 과정은 새로운 지식
을 묻고 구하는 데서 시작하고 이를 이해하고 소화해서 자기만의
방식으로 표현할 수 있을 때 비로소 완성됩니다. 이 글은 이처럼
완성된 학문의 경지가 아니라, 학문이 완성되는 과정의 시작과 끝
을 이야기합니다. 이는 학문의 충분조건이 아니라 절대적으로 요
청되는 필요조건입니다.

공자는 내면의 지식을 '바탕質'으로 명명했고, 이를 표면으로 드

러내는 방식을 '꾸밈文'이라고 일컬었습니다. 바탕이 꾸밈을 넘어선
다면 거칠고 투박함을 면할 수 없고, 꾸밈이 바탕을 넘어선다면 속
빈 강정과 같은 공허함을 면할 수 없습니다. 공자는 이를 각각 '조
야함野'과 '사치함史'이라는 말로 지시하고 모두 온당치 않은 것으로
치부했습니다.

　　이 위대한 스승의 이상은 바탕과 꾸밈이 알맞은 균형을 이루어
넘치지도 모자라지도 않는 문질빈빈文質彬彬의 경지였습니다. 그의
가르침에 따르면, 글쓰기는 자기 안의 생각이 이미 가득 차서 흘러
넘친 뒤에야 가능한 일입니다. 미처 충분히 정보를 받아들이지 못
하고, 충분한 지식을 얻었더라도 아직 제대로 소화해 자기화하지
못했다면, 아직은 글을 쓸 때가 아닙니다. 글이란 억지로 쓸 수 있
는 것이 아니며, 그럴 만한 상황에서야 쓰게 되는 것입니다. 누군가
에게 내면화된 지식에 이미 충분히 받아들여지고 곱씹혀 그 정신의
뼈와 피가 되었을 때, 그것이 온당한 방향으로 성장해 더 이상 안에
고여 있지 못하고 흘러넘칠 때에야 비로소, 글은 빚어집니다.

4장

껍

–

어떻게 익힐 것인가

배움이란 풀이나 나무를 심는 것과 같아서
사람을 날마다 자라고 나아가게 한다.
풀과 나무가 가지와 잎을
내도록 하는 것과 마찬가지다.
배우지 않으면 재주와 지식이 날마다
퇴보하는데, 풀과 나무가 가지와 잎을
떨구는 것과 마찬가지다.

《좌전정의左傳正義》

기예技藝는 배우고 익히는 과정을 통해 얻어집니다. 사람의 손길로 가꾸며 물을 주고 흙을 북돋는 과정을 통해야 비로소 예술art이 창조됩니다. 사람의 손이 닿은 것 artificial이라야 예술입니다.

이처럼 배움은 사람의 재능이 싹을 틔우고 잎을 내면서 무럭무럭 자라 가지를 치고 꽃을 피우며 열매를 맺는 과정입니다. 들판에 흐드러지게 핀 풀과 나무는 얼핏 일없이 난 것처럼 보이지만, 이슬과 비를 머금고 햇빛을 받느라 저마다 발돋움을 해서 그만해진 것입니다. 해바라기가 해를 따라 움직이듯이 생명이 다하도록 안간 힘을 써야 합니다. 저절로 맺히는 열매는 없습니다.

　다 자란 나무도 이슬과 비를 맞지 못하고 햇빛을 받지 못하는 계절에는 결국 꽃을 접고 잎을 떨굽니다. 사람의 배움도 이와 같습니다. 제법 괜찮은 수준에 이르렀다고 안도하고 방심하면, 곧 가을 서리를 맞은 나무처럼 가지가 메마르고 열매를 맺지도 못한 채 잎을 떨구기 십상입니다.

　잘 익은 된장이나 고추장도 자주 햇볕에 들여 소금을 덮어주고 물기를 피해야 장맛이 좋아집니다. 잘 담근 김치도 결결이 뒤집어주고 꾹꾹 눌러주고 독을 깊숙이 묻어주어야 처음의 맛을 유지합니다. 더욱이 배움은 '물을 거슬러 배를 움직이는逆水行舟' 일과도 같아 한숨이라도 돌리면 별 수 없이 뒤로 물러나기 마련입니다. 호수 위에 떠 있는 우아한 백조도 물 밑에서는 쉼 없이 발을 놀립니다. 남을 앞서기 위해서가 아니라 어제의 나보다 뒤처지지 않기 위해서라도 그침 없이 나아갈 일입니다.

옥은 다듬지 않으면
그릇이 되지 않고,
사람은 배우지 않으면
길을 알지 못한다.
《예기禮記》

　　　　　　　　값을 매길 수 없을 정도로 귀
한 보물을 '무가지보無價之寶'라 일컫습니다. 아무런 흠도 없이 완전
한 것을 가리켜 '완벽完璧'이라고 합니다. 춘추시대 초楚나라 문왕文王
에게 바쳐진 '화씨의 납작 고리옥和氏璧'은 이와 같은 찬사를 한 몸에
받은 전설 속의 보배입니다. 그러나 그 보배가 가치를 인정받기까
지는 삼대三代에 걸친 도전과 원석을 자르고 갈고 쪼고 다듬는 절차
탁마切磋琢磨의 노력이 필요했습니다.
　　처음 형산荊山에서 이 옥을 발견한 변화卞和는 초나라 여왕勵王에
게 그 원석을 바쳤습니다. 나라의 보배로 여겼기 때문입니다. 그러

나 여왕은 단순한 돌멩이에 불과하다는 옥 장인의 말만 듣고 화가
난 나머지 변화의 한쪽 발을 자르라고 명했습니다. 여왕이 죽고 무
왕武王이 왕위에 오르자 자신의 안목을 믿었던 변화는 다시 옥을 바
쳤습니다. 그러나 왕의 장인들은 여전히 그 옥을 돌멩이에 불과하
다고 여겼으며, 변화는 또 벌을 받아 남은 한쪽 발마저 잃게 되었
습니다. 무왕이 세상을 떠나고 문왕文王이 새로이 즉위했습니다. 이
제 두 발을 잃어 걸을 수도 없게 된 변화는 왕의 행차가 지나는 길
가에 앉아 옥돌을 끌어안고 목 놓아 울었습니다. 사연을 들은 문왕
은 변화에게서 옥돌을 받은 뒤, 장인들에게 원석을 자르고 갈고 쪼
고 다듬으라고 명령했습니다. 천하에 다시없는 전설 속의 보배는
이와 같이 탄생했습니다.

　전국시대에 화씨의 납작 고리옥은 여남은 개의 성城과도 맞바꾸
지 않을 보배로 이름을 떨쳤습니다. 그러나 자르고 갈고 쪼고 다듬
어 빛을 발하기 전에는 이 완벽한 무가지보도 한낱 '돌멩이'일 따름
이었습니다. 아무리 뛰어난 원석이라도 다듬지 않으면 천하의 보
배가 되지 못합니다. 뛰어난 재능을 지닌 사람이라도 배우지 않으
면 참다운 이치를 깨칠 수 없습니다.

배운다는 것은
본받아 따른다는 뜻이다.
가까이할수록
밝아지는 이를
배워야 한다.

《상서대전尙書大傳》

복승伏勝은 진秦나라의 박사였기
때문에 복생伏生으로 존칭되기도 합니다. 진시황이 사상을 통제하기 위해 법가서와 실용서를 제외한 수많은 책을 불사르고 글 아는 선비들을 산 채로 묻는 분서갱유焚書坑儒를 단행할 때, 복승은 고대 제왕들의 사적을 기록한 《상서》를 집 안의 벽 속에 묻고 흙을 발라 이를 숨겼습니다. 나중에 복승이 제나라와 노나라 땅에서 제자들을 가르쳤기에, 당시 산동山東의 학자들 또한 《상서》에 정통했다고 전합니다. 한 문제漢文帝는 유교를 국가의 통치철학으로 확립하고 소모적인 대외 원정을 피하는 한편, 형법을 완화하고 조세를 감면

하는 등 민생을 중시하는 정치로 칭송받았던 황제입니다. 그는 '분서갱유'를 피해 남겨진 서책과 유생을 널리 구하였고, 복승이《상서》에 밝다는 소식을 듣고 가르침을 청하고자 가까이 모시려 했습니다. 그러나 결국 황제는 이미 아흔을 바라보는 복생을 도성으로 불러들이는 대신 문장력과 박식함으로 이름 높았던 조조鼂錯를 보내 그를 스승으로 삼고 배우도록 했습니다.

고대 중국에서는 경험이 많은 연장자를 본받아 따르는 것을 배움의 근본이라 여겼습니다. 복승 또한 배움은 본받아 따르는 것이라고 말합니다. 책이 아니라 사람을 배움의 본으로 삼을 때는 누구를 본으로 삼느냐가 그 일의 관건이 됩니다. 복승은 "가까이할수록 밝아지는 이"라고 답합니다. 가까이할수록 나의 어둠함을 밝히고 부족함을 일깨워 더 나은 방향으로 나아가게 하는 사람, 그 이가 바로 내가 본받아 따를 스승입니다.

널리 배우고 뜻을 도탑게 하며,
끝까지 캐묻고 가까이 생각하다 보면,
인은 그 가운데 있을 것이다.

《논어論語》

'인仁'은 유가 공부의 핵심입니
다. 이 글은 그 핵심에 도달하는 네 가지 학습 방법을 제시합니다.

'박학博學'은 널리 구하여 배우는 것입니다. 널리 배운다는 말이
많은 것을 배움을 의미하지 않습니다. 하나를 배우더라도 그와 연
관된 일을 두루 알고자 하는 것이 널리 배움의 참뜻입니다. 무엇을
듣고 보든지 거기에 그치는 것은 배우는 사람의 바람직한 태도가
아닙니다. 무엇이 옳고 그른지, 무엇이 낫고 못한지 판단하려면 서
로 견주어야 하고, 비교를 하자면 널리 보고 듣고 구해서 두루 알
아야 합니다. 처음 무엇을 배웠을 때는 자신이 배운 것만을 진리라

고 여깁니다. 그러나 우주는 무한하고 인간은 유한한 존재이기에, 홀로 아는 것이 완전한 진리이기는 어렵습니다. 우리가 여러 학설 속에서 공통의 가르침을 구하는 것은 그 때문입니다.

'독지篤志'란 뜻을 도탑게 하는 것, 즉 세운 뜻을 꾸준히 지켜나가는 행위입니다. 즉 마음이 정한 바대로 매일 쉬지 않고 해나간다는 뜻입니다. 다만 결심하는 데 그치지 않고 끊임없이 실천하는 데 방점이 찍힙니다. 쉼 없이 하루하루 뜻이 쌓여야 비로소 도타워집니다. 뜻을 도탑게 하려면 하루 한 때도 거르거나 멈추지 말아야 합니다. 뜻을 세우는 것은 누구나 할 수 있는 일이지만, 그 뜻을 꿋꿋이 지켜나가는 것은 아무나 할 수 있는 일이 아닙니다. '작심삼일'이라는 말이 있습니다. 마음먹은 일이 사흘을 가지 못한다는 뜻입니다. 사람의 의지는 이토록 박약합니다. 박약한 의지를 끝까지 관철하자면 적어도 사흘에 한 번은 새롭게 뜻을 다져야 합니다. 세운 뜻을 꾸준히 지켜나가자면 날마다 뜻을 새롭게 할 필요가 있습니다.

'절문切問'은 답을 구하는 마음으로 간절하게 묻는 것입니다. 답을 알 때까지 철저하게 캐묻는 것을 의미하기도 합니다. 절실히 묻는다는 것은 알고자 하는 마음이 간절한 것, 질문이 구체적이고 상세한 것을 의미합니다. 무엇을 배웠을 때 알고자 애를 썼는데도 답을 구하지 못했다면 그 마음이 간절해집니다. 간절한 마음으로 애

112

를 쓰며 오랫동안 깊이 생각했다면 그 질문이 구체적이고 상세할
수밖에 없습니다. 알고자 하는 마음이 절실하지 않으면, 답을 얻더
라도 자기화할 수 없습니다. 대략의 뜻만 파악하고 지나가면, 지나
간 뒤에는 분명한 기억이 남지 않게 됩니다. 따라서 '절문'은 꼼꼼
하게 물어보는 행위를 가리키기도 합니다.

'근사近思'는 가까운 일부터 생각하는 것, 추상적인 문제가 아니
라 구체적인 문제부터 풀어나가는 것을 가리킵니다. 아득하고 먼
이상만을 바라보지 않고 당장 실행할 수 있는 작은 일부터 중시함
을 이릅니다. 늘 염두에 두고 생각을 게을리 하지 않는다는 말로도
읽힙니다. 공허한 탁상공론이 아니라 실질을 중시해야 한다는 뜻
입니다. 앎과 실천을 동시에 중시하는 유가 공부의 또 다른 핵심이
기도 합니다.

공자의 제자인 자하子夏는 널리 배우고, 뜻을 도탑게 하고, 절실
히 물으며, 가까이 생각하면, 유가의 핵심적인 가르침인 인이 그
가운데 있으리라고 말했습니다. 그는 공자의 가르침 가운데서도
'극기복례克己復禮'를 중시했고, 작은 예절부터 차근차근 배워나가야
비로소 인이라는 궁극의 이치에 다다를 수 있다고 여겼습니다. 따
라서 그의 가르침은 매우 구체적이고 실질적입니다. 네 가지 중 어
느 하나도 쉽지 않으니, 배움의 길은 그만큼 멀고 아득합니다.

질문을 던질 때, 우리는 이미 배울 준비가 된 것이다.

만 권의 책을 읽으면서
한 가지 일이라도 알지 못하면
깊이 부끄러움을 느꼈다.

《남사南史》

　　　　　　　　　　　　　　양 무제梁武帝 소연蕭衍의 벗이었
던 도홍경陶弘景은 도교 모산파茅山派의 종사宗師로 널리 알려져 있습
니다. 모산파는 엄격한 출가주의에 따라 존사법存思法이라는 일종의
명상법을 중시하며 도교의 교학을 형성한 귀족 중심의 종파입니
다. 도홍경은 도가사상에 심취했지만 불가사상과 천문학에도 조예
가 깊었으며 본초, 연단, 의약, 점복, 역법, 경학, 지리, 박물에 이
르기까지 정통하지 않은 분야가 없을 정도로 박학다식하고 다재다
능했습니다. 또한 문학과 예술 분야에서도 역사에 깊은 자취를 남
긴 인물입니다. 그는 비록 속세를 떠나 깊은 산 속에 은거했지만,

황제가 나라의 중한 일을 결정할 때마다 자문을 구했기에, '산중재
상山中宰相'이라 불리기도 했습니다.

　한 가지 일이란, 글로 적힌 단순한 정보가 아니라 기록된 정보
의 실제적인 사실을 가리킵니다. 책에서 읽은 문자의 정보와 지식
에 그치지 않고 이를 이해해 실제로 적용하는 것을 의미합니다. 도
홍경은 많은 책을 읽은 것으로 유명합니다. 인쇄술이 발달하지 않
았던 때이니 책을 구하기도 쉽지 않았을뿐더러 필사를 마쳐야 온
전히 소유할 수 있었을 것입니다. 독서의 무게가 남다른 시대를 살
았던 셈이지요. 그런데도 만 권의 책을 읽었다니, 그 자체로 이미
대단합니다. 그러나 더욱 중요한 점은 그가 이를 책에 적힌 글자로
만 읽지 않고 그 안에 담긴 의미를 깨우치고자 애썼다는 사실입니
다. 깨우쳐 얻은 바가 있다면, 남은 일은 실제에의 적용입니다. 실
질을 구하지 않고는 진정한 앎에 도달할 수 없습니다. 문자나 언어
로만 남아 있는 앎은 언제나 공허할 따름입니다.

군자는 널리 배우며 제대로
익히지 못할까 걱정하고, 다 익히고 나면
실천으로 옮기지 못할까 걱정하며,
그리하여 이처럼 행동함으로써
남 앞에서 우기며 물러서지 못할까
걱정한다.

《설원說苑》

공부하는 사람의 이상적인 태도
란 어떤 것일까요? "학문이란 물을 거슬러 배를 젓는 것과 같으니
나아가지 않으면 물러나게 된다"라는 말이 있습니다. 물길을 편히
가려면 마땅히 그 흐름을 따라 저어야 합니다. 물을 거슬러 배를
젓는 것은 장애가 많고 소득은 적은 일입니다. 세상 사람들은 대개
이런 일을 바보 같다고 여깁니다. 상류보다는 하류에 큰 고기가 많
으니, 잘 먹고 잘 살기에는 상류보다는 하류가 낫습니다. 그래서
하류에는 사람이 많이 모이며 물건을 사고파는 저자가 생겨나 번
화한 도시가 즐비해집니다. 이익을 도모하며 부를 축적하려는 사

람들은 대개 물길을 따라 하류로 나아갈 것입니다.

그런데 왜 물을 거슬러 배를 젓는 것일까요? 물길을 따라 내려 가는 사람과 다른 목표를 지니고 있기 때문입니다. 하류에서 상류 로 거슬러 오르는 것은 원천을 찾기 위해서이고, 이는 눈앞의 이익 을 구하는 일이 아닙니다. 공기나 물은 우리가 살아가는 데 꼭 필 요하지만 결핍되지 않는 한 중요함을 깨닫지 못합니다. 마찬가지 로 원천을 알고자 하는 일은 대부분 사람들에게 전혀 중시되지 않 습니다. 그러나 원천에 문제가 생긴다면, 상류든 중류든 하류든, 그 물줄기의 어느 곳에서나 피해가 발생할 것입니다. 근본적인 해 결을 위해서는 원천을 찾지 않으면 안 됩니다. 이 일은 결코 쉽지 않습니다. 끊임없이 나아가야 한다는 점에서 더욱 어렵습니다. 배 우고 나면 익히고, 익히고 나면 삶에 실제로 적용해야 합니다. 내 삶에 적용해서 그 답이 옳다는 결론을 얻었다 할지라도 다른 사람 의 견해나 경험과 다를 때는 물러설 줄도 알아야 합니다. 원천으로 가는 길은 멀고도 험한 까닭입니다. 한번 길을 잘못 들면 다시 돌 아오기를 반복해야 할뿐더러 영원히 길을 잃을 수도 있습니다.

배우기만 하고 생각하지 않으면
어둡게 되고,
생각하기만 하고 배우지 않으면
위태롭다.

《논어論語》

　　　　　　　　　　윗글의 '어둡다罔'는 새나 짐승을
잡는 도구인 '그물網'과 통용되는 글자입니다. 그물에 덮어씌워지면
머리 위가 어둑해지고 몸이 묶여서 움쭉달싹 못하게 됩니다. 무엇
을 배웠다고 해도 스스로 고민하면서 자신의 앎으로 체화하지 않
는다면 배우지 않은 것과 마찬가지로 쓸모가 없습니다. 오히려 배
운 것에 얽매여 아는 것조차 제대로 쓰지 못하므로 그물에 매인 새
나 짐승처럼 움직이지 못하게 됩니다. 배운 것이 많은데도 생각하
는 노력이 부족해 현실에 어두운 책상물림이 되는 것입니다.

　'위태롭다殆'는 '부서진 뼈, 죽음歹'을 나타내는 글자와 음을 표시

하는 한편 '재난殆'을 가리키는 글자를 합친 것으로, 죽음에 이르는 재난이나 위험을 가리킵니다. 자신의 생각만 믿어서 검증된 방식을 따라 배우지 않은 사람은 위태롭습니다. 자신뿐 아니라 주변 사람들까지 죽음에 이르는 위험으로 몰아넣을 수 있지요. 인류 역사에서는 삶에 더 이로운 것을 추구하며 도달한 앎이 세상을 더 위험하게 만드는 일을 종종 찾아볼 수 있습니다.

배우지 않고 홀로 생각해서 얻어진 앎은 아직 검증되지 않은 것입니다. 진정으로 삶을 이롭게 하는지 알기 위해서는 몇 차례의 시행착오를 거쳐야 합니다. 아무리 뛰어난 재능을 타고났더라도 개인의 독창적인 방식은 언제나 어느 정도 위험 부담을 떠안습니다. 배움에서 전통이 중시되는 것은 그 방식이 오랜 시간에 걸쳐 여러 사람의 경험을 통해 검증되었기 때문입니다. 배움을 통해 앎에 도달하기 위해선 배우는 사람 스스로의 노력이 물론 중요합니다. 그러나 그 노력이 혼자만의 생각에 그친다면 결국 스스로를 위태롭게 하고 나아가 그를 둘러싼 세계에도 나쁜 영향을 미칠 수 있습니다. 앎은 널리 배우고 힘써 생각하며 경험을 통해 검증할 때라야만 우리 삶에 이로운 쓸모까지 이르게 되는 것입니다.

120

학업은 부지런한 데서 정밀해지고
놀고 즐기는 데서 황폐해지며,
행동은 생각에서 이루어지고
게으름을 피우는 데서 망가진다.

《창려선생집昌黎先生集》

　　　　　　　한유韓愈의 시호諡號는 문공文公입
니다. 시호는 그 사람의 일생을 평가해 붙이는 이름인 만큼 '글文'이
그 일생에서 차지하는 위치를 가늠할 수 있지요. 그는 태어난 지
얼마 되지 않아 어머니를 여의었고 세 살 때는 또 아버지를 여의었
습니다. 이후 형의 보살핌 아래 자라며 일곱 살부터 글을 읽기 시
작했는데, 열세 살에 벌써 글 쓰는 재능을 인정받았습니다. 그러나
열네 살이 되던 해에는 믿고 의지하던 형 한회韓會가 세상을 떠났
고, 형수 정씨가 가정을 꾸리며 그와 어린 조카를 돌보게 되었습니
다. 게다가 한유는 어려서부터 문장으로 이름을 떨쳤음에도 세 번

이나 과거에 낙방했지요. 급제를 위해서는 뛰어난 재능 외에도 문벌의 배경이나 권세가의 추천이 필요했기 때문입니다.

스물넷의 나이로 겨우 과거에 급제했지만 바로 관운이 트이지도 않았습니다. 관직을 얻기 위해 이부시吏部試에 응시했을 때는 세 번이나 탈락의 쓴잔을 맛보아야 했습니다. 신언서판身言書判을 중시하는 전통이 아직 엄연하던 때라 출신이 한미한 사람에게는 공정한 기회가 주어지지 않았던 것입니다. 또 이부시에 낙방한 첫해에는 성인이 되기까지 그를 뒷바라지했던 형수가 세상을 떠났습니다. 가장이 되어 조카들을 건사할 책임을 도맡게 된 한유는 입신을 위해 재상에게 세 번이나 청탁의 글을 올렸으나 회답을 받지 못했고, 스물여덟이 되어서야 절도사 동진董晉의 추천으로 시험을 통과해 비서성秘書省 교서랑校書郎이 되었습니다.

한유의 삶은 결코 순탄하지 않았습니다. 그러나 그는 세상이 자신을 돕지 않는다는 이유로 학업을 포기하지 않았습니다. 누구도 원망하지 않으며 한시도 게으름을 피우지 않고 부지런히 학업을 닦았습니다. 뛰어난 문장을 더욱 정밀히 가다듬으며, 꾸물거리거나 미루는 일 없이 꾸준히 열과 성을 다했습니다. 그 일생이 '글'이라는 한 글자로 평가되는 이유가 여기 있습니다.

마음으로 닿을 뿐
눈에는 의지하지 않는다.

《장자莊子》

어떤 백정이 소를 잡고 있었습니다. 손을 대면서 어깨에 힘을 주고 발을 옮기면서 무릎을 굽힐 때마다 쓱싹 하고 울리는 소리가 마치 칼로 연주를 하는 것처럼 장단에 들어맞아 고대의 유명한 악곡에 맞춰 춤을 추는 듯했습니다. 왕이 그 모습을 보고 "훌륭하구나! 기예가 어찌 이런 경지에 이르렀느냐?"라고 물었습니다. 백정은 칼을 내려놓고 이렇게 대답했습니다. "제가 좋아하는 것은 원리이지 기예가 아닙니다. 처음 제가 이 일을 시작했을 때는 오직 눈앞에 있는 소만 보였습니다. 삼 년이 지나자 소의 겉모습에 집착하지 않게 되었습니다. 이제는 다만 마음으로 닿을 뿐 눈에 의지하지 않습니다. 감각으로 아는 것이 아니라 마음을 따라 움직이며 원리에 의지하는 것입니다. 원래부터 비어 있는 틈을 벌리고 그 길을 지나니 소 본연의 생김에 따를 뿐입니다. 그러므로 여태껏 힘줄이나 근육을 베는 일이 없었습니다. 커다란 뼈라면 더 말할 것도 없지요. 노련한 백정들도 해마다 칼을 바꾸는데, 이는 살을 베기 때문입니다. 보통의 백정이라면 달마다 칼을 바꾸는데, 이는 뼈를 자르기 때문입니다. 저는 이 칼로 열아홉 해 동안 수천 마리의 소를 잡았지만, 아직 칼날이 새로 숫돌에 간 듯 예리합니다."

　《장자》의 우화는 이처럼 우리가 어떤 현상으로부터 필요한 앎을 터득하는 방식을 일깨웁니다.

　눈으로 보고 귀로 듣는 것은 중요합니다. 우리가 대개 오관의 감각에 의지해 외부 세계의 정보와 지식을 받아들이기 때문입니다. 그러나 우리가 정작 알아야 할 것들, 삶에서 가장 중요한 것들은 때때로 이런 감각을 벗어난 곳에 자리합니다. 우리 몸의 온 감각을 사용하되 이를 넘어서야 진정한 앎에 도달할 수 있습니다.

배움이라는 것이 널리 듣고
많이 기억해야 하는 것인가? 그보다는
세상 이치에 충실해야 하는 것이다.
뛰어난 문장이라는 것이
굳이 글로 써내야 하는 것인가?
그보다는 사람이 지켜야 할 도리를
구해야 하는 것이다.

《문중자文仲子》

공부는 원래 진리를 알기 위해 배우고 익히는 노력을 그치지 않는 것입니다. 사람이 사람답게 살기 위해 거듭 노력하는 것이라고도 볼 수 있습니다. 그러나 현실에서 공부는 종종 출세의 수단이나 성과를 위해 거쳐야 하는 불가피한 과정으로만 인식됩니다.

《문중자》의 저자인 왕통王通은 널리 지식을 듣고 암기하는 것을 공부의 목표로 삼고, 뛰어난 문장을 지어 세상에 알리는 것을 공부의 성과라 여기는 세상 사람들에게 이렇게 반문합니다. 배움이라는 것이 과연 견문을 넓히고 많은 정보를 암기하는 데 목표를 두는

가? 사람들이 본으로 삼고 따라 배워야 할 글이 과연 화려하고 아
름다운 수사법으로 완성되는가?

그렇지 않습니다. 배움은 만물에 내재하는 이치, 즉 도를 이해
하는 데 일차적인 목표를 둡니다. 공부하는 사람이라면, 배우고 익
힌 이치가 '나'를 포함한 만물과 이를 아우르는 세상에서 충분히 발
휘되도록 부단히 노력해야 합니다. 흔히 문장이라고 하면 보통 화
려한 수식으로 다듬어진 문학작품을 떠올립니다. 가죽에 그려진
그림이나 무늬를 뜻하는 '문'이라는 글자와 붉은빛과 흰빛이 어울
린 옥의 결을 가리키는 '장'이라는 글자가 합쳐진 까닭입니다. 그러
나 곰곰이 헤아려보면, 이 두 글자는 모두 내면의 아름다움이 표면
으로 나타난 것을 가리키기도 합니다.

말과 글은 사람이 자기 내면의 아름다움을 표현하는 가장 전형
적인 방식입니다. 말을 잘 하지 못하고 글을 잘 쓰지 못해도 사람
에게는 다른 표현의 방식이 존재합니다. 진정 아름다운 이는 자신
의 삶으로 사람다움을 구현합니다.

성장을 해치지 않을 뿐
크고 무성하게 할 수 있는 것이 아니며,
그 결실을 억누르지 않을 뿐
더 일찍 많이 열리게
할 수 있는 것이 아니다.

《유종원집柳宗元集》

옛날 풍락향豐樂鄕이라는 마을에 곱사등이 곽씨가 살고 있었습니다. 사람들은 그의 진짜 이름을 알지 못했지만, 그가 나무를 아주 잘 키운다는 사실은 모두 알았습니다. 그래서 장안의 모든 사람들이 그에게 자신의 정원과 농장을 부탁했습니다. 그의 손이 닿으면 옮겨 심은 나무도 죽지 않고 살아나 무성히 자라서는 보다 빠르게 많은 열매를 맺었습니다. 그래서 모두가 그를 따라 배우고자 했습니다. 곽씨는 다른 비결은 가르쳐주지 않고 다만 나무의 타고난 자질을 따르고 본성을 다하게 하라고 말했습니다.

나무는 뿌리를 뻗는 본성을 지니고 있습니다. 뿌리는 원래 살던 곳의 흙을 좋아하며 흙이 고르게 다져져야 흔들림 없이 잘 뻗어나갑니다. 곱사등이 곽씨는 나무를 심을 때 이 점에 유의했습니다. 나무는 한번 자리를 잡고 나면 움직이지 않아야 잘 자랍니다. 그래서 곱사등이 곽씨는 나무를 심은 뒤에는 건드리지도 않고 다시 돌아보지도 않았습니다.

처음 심을 때는 어린 자식처럼 애지중지하지만, 심고 난 뒤에는 쓸모없는 물건처럼 버려두어야, 타고난 본성이 온전히 싹을 틔우고 꽃을 피우며 열매를 맺습니다. 이야말로 나무의 성장을 해치지 않고 결실을 억누르지 않는 비결입니다. 어떤 사람들은 나무가 빨리 자라게 하려고 뿌리를 들어 올리거나 흙을 바꿔주곤 합니다. 사랑한 나머지 지나치게 베풀고 걱정한 나머지 지나치게 돌봅니다. 이런 행위는 나무를 사랑한다고 하지만 사실 해치는 것이고, 걱정한다고 하지만 사실 그와 원수가 되는 것입니다. 나무를 가꾸는 일이나 사람을 보살피는 일의 비결은 다르지 않습니다. 배움을 구하고 가르침을 전하는 이치 또한 이와 다르지 않습니다. 유종원의 우화가 읽을수록 깊은 맛을 내는 이유가 여기에 있습니다.

세상에는 순수한 흰 여우가 없지만,
순수하게 흰 여우 갖옷은 있다.
여러 가죽 가운데서
흰 것만을 가려 뽑기 때문이다.

《회남자淮南子》

순수하다는 것은 다른 것이 전
혀 섞이지 않은 상태를 가리킵니다. 그런데 사람의 손이 닿지 않은
자연에서는 다른 것이 전혀 섞이지 않는 상태를 발견하기가 쉽지
않습니다. 완전하게 순수한 것은 거의 언제나 사람의 손을 거친 것
입니다.

한나 아렌트는 《인간의 조건》에서 살아 있는 인간의 세 가지 근
본 활동으로 노동과 작업, 행위를 꼽았습니다. 노동이 삶의 과정
자체를 위해 필요한 소모적 활동이라면, 작업은 세계의 일부를 구
성하는 사물을 창조한다는 점에서 구별됩니다. 사물들로 구성된

세계는 자연과 더불어 인간이 스스로의 정체self-identity를 확보할 수 있도록 돕습니다. 다시 말해, 인간은 작업이라는 활동을 통해 전적으로 자연적인 존재에서 벗어나 세계를 구성하는 주체적 지위를 확보하는 것입니다.

자연 세계에는 순수하게 흰 가죽을 가진 여우가 존재하지 않습니다. 하지만 사람은 여러 여우 가죽 가운데 흰 털만을 가려 뽑아 순수하게 흰 여우 갖옷을 만들 수 있습니다. 그리고 이렇게 만들어진 '순수하게 흰 여우 갖옷'을 통해, 우리는 '순수하게 흰 여우 가죽'을 상상하고 이를 현실화하며, '순수'라는 관념을 형성하고 그에 대한 사유를 발전시킬 수 있습니다.

우리 가운데 누구도 자연 상태에서 완전한 앎에 도달할 수 없습니다. 그러나 시간을 들여 배우고 익히는 과정을 통한다면, 우리 가운데 누구라도 완전한 앎이 어떤 것인지 상상하고 현실화할 수 있을 것입니다. 순수하게 흰 가죽만을 가려 뽑는 일이 쉽지는 않겠지만 말입니다.

할 수 없다면 배우고,
궁금하다면 묻고,
행하고자 한다면 현명한 이를 따르라.
비록 어려움이 있을지라도,
하다 보면 원하는 바에 이를 것이다.

《대대례기大戴禮記》

어떻게 '사士'가 될 수 있느냐 묻
는 제자들의 질문에 대한 증자의 대답입니다. 그는 어려서 아버지
증석과 함께 공자 문하에 있었는데, 공자가 세상을 떠난 뒤 선배들
과 입장을 달리해 내성파內省派를 이끌었습니다. 공자의 손자 자사
는 그의 문하에서 가문의 학통을 이었으며, 이 가르침은 자사를 거
쳐 맹자에게 전해졌습니다. 증자는 형식과 태도를 중시하는 숭례
파崇禮派와 달리 내면의 수양을 강조했지만, 가르침과 배움에 대한
기본 입장은 크게 다르지 않았습니다.

사는 원래 형벌을 관장하는 관리를 가리키던 말인데, 점차 특정

한 직무수행 능력을 갖춘 사람을 가리키게 되었고, 춘추 시대에는
경대부卿大夫의 가신家臣으로 가장 낮은 관직에 속했습니다. 주나라
의 종법宗法은 왕가와의 혈연에 의해 계급을 결정했지만, 사는 개인
의 능력에 따라 획득되는 특수한 신분이었습니다. 제자들은 스승
에게 이에 필요한 스펙을 물었던 것입니다. 이런 구체적이고 실질
적인 질문에 증자는 너무도 당연한 이치를 아무렇지 않게 들려줍
니다. "할 수 없는 것은 배우라. 궁금하면 물어라. 재능 있는 사람
의 방법을 따라라. 험난한 길도 언젠가는 목적지에 이르는 법이다.
계속 해나가다 보면 결국 원하는 수준에 도달한다." 신분 상승의
필요충분조건이 궁금한 젊은이에게는 다소 싱거운 대답이 아닐 수
없습니다. 공부의 왕도를 깨우치는 모든 가르침이 그렇습니다. 할
수 없고 알지 못하는 것이 있다면 배워야 합니다. 궁금증이 생겼다
면 누구에게든 물어서 풀어야 합니다. 아직 해본 적이 없는 어떤
일을 하는 가장 좋은 방법은 경험이 풍부하고 지혜로운 사람을 따
라 하는 것입니다. 쉬운 일은 아닙니다. 그러나 포기하지 않고 나
아간다면 언젠가는 원하는 바를 손에 넣을 수 있습니다. 할 수 있
느냐 없느냐를 가름하는 것은 방법 자체가 아니라 그 방법을 사용
하는 사람입니다. 똑같이 싱거운 대답을 들은 사람들 가운데서도
누군가는 목적을 이룰 것입니다. 결국 실천하는 사람의 의지가 유
일한 답입니다.

좋아하는 것을 택할 때는
먼저 가르침을 얻은 뒤에
경험하도록 하며,
즐기는 것을 택할 때는
먼저 익히는 과정을 거친 뒤에
알게 해야 한다.

《한서漢書》

'서한에서 제일가는 영웅의 문
장西漢第一雄文'이라 불리는 가의賈誼의 〈치안책治安策〉(〈진정사소陳政事疏〉
라고도 합니다)에서 발췌한 이 구절은 다음 세대를 이끌어갈 태자의
교육을 논합니다. 가의는 은殷 왕조가 20여 대 동안 지속되었고 주
周 왕조가 30여 대나 이어졌는데 진 왕조는 겨우 2대에 그치고 만
사례를 들어 다음 세대를 교육하는 일의 중요성을 설파했습니다.

가의는 어릴 때부터 올바른 식견이 생긴다는 말로 자신의 교육
론을 설파합니다. "태어나면서부터 바른 일을 보고 바른 말을 들으
며 바른 방법을 행하는 데다 전후좌우에 있는 사람이 모두 바른 사

람들"이므로, 이러한 삶에 익숙해지면 태자 또한 바른 습관을 지니
게 된다고.

　좋아하는 것은 마음이 가는 것이고 이는 배우지 않아도 누구
나 본능으로 아는 것입니다. 그러나 좋아하고 싫어하는 것을 가리
는 데도 분별이 필요하며, 분별력은 배워서 얻어지는 것이지 나면
서부터 절로 아는 것이 아닙니다. 가치 판단의 기준이 있어야 경험
이라는 것도 비로소 의미를 갖습니다. 즐기는 것은 행동이요, 이는
머리로 알고 마음으로 느낀 것을 몸으로 옮기는 것입니다. 행동에
는 방식manner이 필요합니다. 올바른 방식은 사람을 보다 사람답게
만들어줍니다. 사람답게 행동해야 사람입니다. 사람답게 행동하는
법 또한 배워서 얻어지지 나면서부터 저절로 아는 것이 아닙니다.
습관은 제2의 천성이라는 말이 있습니다. 태어나면서 아는 것이 타
고난 천성이라면, 배워서 몸에 익힌 습관은 두 번째 천성을 만듭니
다. 사람이 한 사회의 일원이 되는 것은 이 두 번째 천성에 의지해
서입니다.

옛것을 토렴하여
새로운 것을 아는 사람은
스승으로 삼을 만하다.

《논어論語》

　　　　　　　식은 밥이나 국수에 뜨거운 국
물을 부었다 따랐다 하여 데우는 것을 '토렴'이라고 합니다. 토렴을
할 때는 두 손을 끊임없이 움직여야 합니다. 쉼 없이 국물을 붓고
또 따라내야 하기 때문입니다. 때로는 뚝배기 무게로 손가락이 먹
먹해지고 뜨거운 국물에 데어 허물이 벗겨지기도 합니다. 토렴의
맛은 이런 수고를 견디고 참는 노력과 정성에서 나옵니다. 어떤 일
을 처음 할 때는 누구나 서툽니다. 쉬지 않고 거듭 그 일을 하는 동
안에 점차 익숙해지고 노련해집니다. 점차 손에 든 무게를 이길 수
있는 근력이 생기고 힘이 덜 드는 요령도 터득하는 것입니다. 같은

시간을 들이면서도 더 쉽게 더 많이 더 맛있게 토렴하는 달인達人의
경지에 이릅니다. 옛것을 토렴하여 새로운 것을 아는 사람에게 스
승의 자격이 주어지는 첫 번째 이유입니다.

　지은 지 오래되어 차가워진 밥이나 국수는 거듭된 토렴으로 먹
기 좋을 만큼 따뜻해질 뿐 아니라 오래 씹지 않아도 될 만큼 부드
러워집니다. 토렴한 밥이나 국수는 당연히 소화와 흡수가 빠릅니
다. 노인이나 어린아이, 질병에서 갓 몸을 회복한 사람도 토렴한
음식은 걱정 없이 먹습니다. 토렴한 밥과 국수에는 간간한 국물이
배어 갓 지어 따뜻한 음식과는 또 다른 맛이 나기도 합니다. 배우
고 익힌 것을 소화하고 흡수하는 일도 이와 다르지 않습니다. 이미
배운 것을 거듭 익혀야 새로운 것을 배울 수 있는 여력이 생깁니
다. 배워서 아는 것을 거듭 익히다 보면 그 가운데서 또 다른 앎을
새롭게 발견할 수도 있습니다. 남이 모르는 것을 깨닫기에 하나를
배우고도 둘과 셋을 더 압니다. 옛것을 토렴하여 새로운 것을 아는
사람에게 스승의 자격이 주어지는 또 다른 이유입니다.

배움이라는 것은 타고난 자질이
좋고 나쁨을 가리지 않으며,
또한 고단하도록 부지런히 힘쓰는 데만
달려 있는 것이 아니다.
다만 지향하는 마음이 어떠한가를
보아야 한다.

《경학이굴經學理窟》

배움에서 중요한 것은 타고난 재능일까요, 아니면 피나는 노력일까요? 북송 기철학氣哲學의 기초를 닦은 장재張載는 타고난 재능이나 피나는 노력보다 앞서 헤아릴 것이 있다고 보았습니다. 바로 배우고자 하는 사람의 지향입니다.

재능이 뛰어난 사람은 남보다 빠르게 배우고 익힐 수 있습니다. 남을 앞지르지는 못하더라도 누구나 피나는 노력을 기울이면 배운 바를 끝까지 잊지 않고 자기 것으로 만들 수 있습니다. 재능이 차종에 해당된다면, 노력은 차가 속도를 높여 달릴 수 있도록 해주는 동력이라 할 것입니다. 차종에 따라 형태도 기능도 사용하는 연료의 양도 다릅니다. 이는 타고난 재능의 차이에 비견할 수 있습니다. 성능이 좋은 차라 해도 연료가 없다면 달릴 수 없습니다. 타고난 재능이 있어도 노력이 뒤따라야 하는 것은 물론입니다. 적은 연료로는 짧은 길밖에 갈 수 없고 많은 연료가 있어야 먼 길을 갈 수가 있습니다. 그러나 좋은 차와 충분한 연료가 있더라도 목적지가 정해져 있지 않다면 그 차는 정처 없이 내달리는 것 말고는 달리 할 일이 없을 것입니다. 배우는 사람에게 마음의 지향이 없는 것은 운전자가 없거나 있어도 갈 곳을 모르는 상황과 같습니다. 장재가 배우고자 하는 사람의 마음이 향하는 곳이 어딘지 살피는 일을 타고난 자질보다 고단함을 무릅쓰는 부지런함보다 중요하게 생각한 데는 나름의 이치가 있습니다.

장재는 세상이 하나의 기로 이루어졌다는 주장을 폈습니다. 겉으로 보기에는 전혀 다른 것처럼 보이는 만물도 서로 다른 형태로 기가 엉겨서 만들어진 개체의 형태가 감각된 것입니다. 하나의 기가 무엇을 지향하느냐에 따라 다른 모습으로 드러난 것이 만물입니다. 사람도 만물에 속하니 그 지향이 무엇인지 살피지 않을 수 없습니다.

성인은 하늘을 바라고,
현인은 성인을 바라며,
사인은 현인을 바란다.

《통서通書》

    공부도 지향이 분명할수록 효과
적입니다. 목표 없이 두루 관심을 갖는 사람보다 뚜렷한 목표가 있
는 사람이 성과도 뚜렷합니다. 전통적으로 유가에서는 인격에 따
라 용인庸人, 사인士人, 현인賢人, 성인聖人으로 사람의 품급을 나누었
습니다.

    가장 낮은 품급인 용인은 마음속에 신중하거나 엄숙하게 품은
뜻이 없고 말이 행동보다 앞서기 일쑤인 평범한 사람을 가리킵니
다. 아예 좀 더 나은 사람이 되고자 배우려는 의지가 없는 경우도
있습니다. 사인은 뜻을 세우고 원칙에 따라 행동하기로 마음먹은

사람입니다. 아직 제대로 몸과 마음을 닦지 못해 이렇다 할 수준에
이르지는 못했지만, 옳고 그름과 좋고 나쁨에 대한 나름의 기준이
있고, 지향하는 바가 있어 배움의 바탕이 마련된 사람입니다. 사인
은 모름지기 현인을 스승으로 모시고 따라 배워야 합니다. 현인은
이미 법도에 합당한 인품을 갖추어 세상 사람들이 따라 지킬 만한
말을 하고 이에 부합하는 행동을 하는 사람입니다. 또한 현인은 말
과 행동이 일치해 스스로 인격을 해하는 일이 없습니다. 이런 수준
에 이른 사람이라면 한 걸음 더 나아가 성인을 스승으로 모시고 따
라 배워야 합니다. 성인은 그 인격이 자연의 법칙에서 어긋나지 않
는 경지에 이른 사람입니다. 마치 자연의 은택이 만물에 미치면서
도 정해진 이치를 벗어나는 법이 없는 것과 같지요. 그래야 비로소
성인이라 할 수 있습니다. 성인이 하늘을 바란다고 한 것은 이 때
문입니다.

　성인은 사실 초인의 경지이기에 공자 외에는 꼽히는 이가 거의
없습니다. 현인이라면 이미 사람으로서 최상의 수준에 이르렀으니
따라 배우고자 노력해볼 만합니다. 그러나 이제 막 배움을 시작한
사인에게는 모두 너무 큰 목표입니다. 목표는 언제나 실천과 실현
을 염두에 두고 정해야 합니다. 너무 커서 실현 불가능한 목표라면
도리어 없느니만 못합니다.

성스러움을 배울 수 있는가?
배울 수 있다.

《통서通書》

'성스러움聖'이라는 글자는 귀와 입을 가지고 있는 형상을 보여줍니다. 귀가 밝고 말을 잘한다는 뜻입니다. 정보가 들어가는 것과 나오는 것에 막힘이 없으니 사리에 밝다는 뜻이기도 합니다. 성인聖人은 이와 같이 많이 들어서 모든 일에 정통하며 다른 사람을 설득할 줄 아는 사람입니다. 전통적으로 성인은 유가의 이상적인 인간형을 가리킵니다. 더욱이 이 이상은 공부하는 사람이 배우고 익혀서 도달하는 종점입니다. 물론 그 배움의 길이 수월하거나 순탄할 리는 만무합니다.

그럼에도 주돈이周敦頤는 '성스러움'을 배울 수 있는 것으로 규정

합니다. 일단 배울 수 있는 것이라고 했으니, 다음은 자연스럽게
배움의 방법에 대한 문답으로 이어집니다. 그는 성스러움을 배우
기 위해서는 '한 가지'를 해야 한다고 답했습니다. 여러 가지가 아
니라 단 한 가지입니다. 사실 사람에게는 가장 힘든 한 가지이기도
합니다.

　　바로 '욕망을 없애는 것無欲'입니다. 욕망에 휘둘리지 않아야 마
음이 고요하게 비워집니다. 비워놓아야 채울 수 있습니다. 앎을 채
움으로써 밝아지고 통하게 됩니다. 욕망에 휘둘리지 않아야 마음
이 움직여도 올곧을 수 있습니다. 마음이 움직였는데도 올곧으며
더하고 덜함이 없다면 사리에 맞는 것입니다. 욕망으로부터 자유
로워지면 그 이성이 밝고 세상사에 통달하게 되며 행동은 사리에
맞게 됩니다. 사욕이 없기에 정의롭고 주변을 두루 배려하게 됩니
다. 자연의 이치가 만물에 두루 미치듯이 그 존재가 좋은 영향력을
골고루 행사하게 됩니다. 바로 성인의 경지입니다.

스물이 넘어 서른 전까지,
아침에는 경전을 읽고
저녁에는 사서를 읽으며,
낮에는 제자서를 읽고
밤에는 문집을 읽도록 한다.

《곤학기문困學紀聞》

　　　　　　　　　　　스무 살은 '약관弱冠'이라고도 합
니다. 예전에는 남자가 스무 살이 되면 관례를 치르고 상투를 틀고
갓을 썼기 때문입니다. 여자도 스무 살이 되면 쪽을 지고 비녀를
꽂았습니다. 스무 살이 되기 이전에도 상투를 틀거나 쪽을 지는 경
우가 있습니다. 결혼을 하면 됩니다. 결국 상투를 틀고 쪽을 진다
는 것은 어른이 되었다는 뜻입니다. 스물은 어른이 되는 나이입니
다. 서른은 '장년壯年'이라고 합니다. 집과 처자를 거느려 일가一家를
이루는 나이라는 뜻입니다. "일가를 이룬다"는 말은 원래 한 집안
의 가장이 된다는 뜻이지만, 대개 '자기 분야에서 독자적이고 뚜렷

한 위치를 차지하고 남에게 인정을 받는다'는 뜻으로 확대 해석됩니다.

　스물은 한 개인이 독립적인 인격체가 되는 나이이고, 서른은 그 개인이 주체로서 사회의 인정을 받는 나이입니다. 따라서 스물에서 서른까지의 공부란, 결국 한 개인이 사회인으로서 책임을 다할 수 있도록 성장하는 데 필요한 앎을 배우는 것에 다름 아닙니다. 경전은 이치를 담고 있는 책입니다. 사람답게 살기 위해 마땅히 지켜야 할 도덕과 준칙을 담고 있습니다. 사서는 과거의 사실을 담고 있는 책입니다. 지나간 일은 우리가 같은 실수를 반복하지 않도록 판단의 기준을 제시합니다. 제자서는 고금의 위대한 철학자들의 사상을 담은 책이고, 문집은 고금의 뛰어난 문장가들이 쓴 글을 모은 책입니다. 가장 머리가 맑은 아침에는 경전을 읽어 사람으로서의 도리를 되새기고, 하루 일을 마친 저녁에는 사서를 읽어 옛사람의 일과 나의 행동을 비교하며 더 나은 방향을 모색합니다. 일이 많아 어수선한 낮 시간에는 방향을 잃지 않도록 제자서를 참고하며, 고즈넉한 밤 시간에는 피곤한 정신을 달래줄 문집을 손에 듭니다. 공부는 아침과 저녁, 낮과 밤을 가리지 않습니다. 때마다 맞는 공부가 따로 있을 뿐입니다.

소순은 스물일곱이 되어서야
마음을 굳게 정하고
책을 읽기 시작했다.

《삼자경三字經》

　　　　　　　　　　고슴도치도 제 새끼는 함함하
다 여긴다는 속담이 있습니다. '함함하다'라는 말은 '털이 보드랍고
반지르르하다'는 뜻입니다. 누가 보아도 거칠거칠하고 뾰족뾰족한
것이 고슴도치의 가시 털입니다. 그래서 이 말은 불 보듯 훤한 사
실조차 눈에 들어오지 않을 정도로 자식 일에 바보가 되는 부모 마
음을 빗댈 때 자주 쓰입니다. 조기교육 열풍이 뜨거운 이유도 바
로 이 고슴도치 부모 마음 때문일 것입니다. 조기교육 열풍이 거셀
수록 그에 대한 반론도 만만치 않습니다. 스트레스 누적으로 인한
발달장애를 경고하는 소아 및 청소년 정신의학과 전문의가 늘어나

고, 대부분의 교육 전문가가 조기교육의 유해성을 이야기합니다.
그러나 이런 반론에도 불구하고 조기교육 열풍은 수그러들지 않습
니다. 폐해를 알면서도 내 아이만 뒤질 수 없다는 욕심이 앞서기
때문입니다.

　소순은 날카로운 논리와 열정적인 필치로 구양수歐陽脩의 격찬
을 받은 인물입니다. 고전, 정치, 역사 등 다양한 분야의 평론으로
박학다식함을 인정받았을 뿐 아니라, 아들들과 함께 부자가 나란
히 당송팔대가의 '삼소三蘇'로 일컬어지는 걸출한 문장가입니다. 그
런 소순이 처음 붓을 잡은 것은 스물다섯의 늦은 나이였습니다. 공
자가 열다섯에 학문에 뜻을 두었다고 했으니, 강산이 한 번 변할
동안 뒤처진 셈입니다. 그러나 그는 자신이 남보다 못하다는 생각
을 하지 않았습니다. 첫 과거에 낙방하고 나서야 스스로를 돌아보
고 그때까지 쓴 글을 모두 태운 뒤, 칠 년 동안이나 매일 서재에 앉
아 글을 읽었다고 합니다. 남들은 첫 열매를 맺는 나이에 그는 밭
을 갈고 씨를 뿌린 뒤 흙을 다지기 시작한 셈입니다. 늦은 시작은
문제가 되지 않습니다. 중요한 것은 주체의 능동성입니다. 당사자
의 다짐과 행동이 마지막 수확을 결정합니다.

많이 들었다면 그 가운데 좋은 것을
가려 좇는다. 비록 많이 들었다 해도
반드시 좋은 것을 가려 좇아야만 한다.
많이 보았다면 알아보아야 한다.
알아본다는 것은 가름할 줄 안다는 것이다.
비록 많이 보았다 해도 반드시 그것들을
가름할 줄 알아야만 한다.

《황극경세皇極經世》

　　　　　　　　　　　　많이 듣고 많이 보는 것은 배움
의 기초입니다. 기초란 '사물이나 일 따위의 기본이 되는 토대'를
가리킵니다. 즉 많이 듣고 많이 보는 것은 배움이라는 집의 토대를
다지는 일에 다름 아닙니다. 토대를 다졌다면 다음에는 주춧돌을
놓고 기둥을 세워야 집을 지을 수 있습니다. 주춧돌을 놓고 기둥을
세우는 것은 집이라는 우주의 기준을 잡는 일입니다. 우주의 핵심
은 질서의 편재이며, 질서는 명백한 기준에서 시작합니다. 만물은
이 질서에 따라 운행되며 인간은 견문을 통해 그 무한함의 단편들
을 체험할 따름입니다. 그러므로 견문을 넓히는 것은 빼어난 것을

가려 뽑고 알아보는 능력을 키우기 위함이지 그 자체가 배움의 목적은 아닙니다.

　사전에서는 '알아본다識'라는 말을 '사람의 능력이나 사물의 가치 등을 밝히어 안다'로 풀이하며, '가름한다께'라는 말은 '쪼개거나 나누어 따로따로 되게 한다'로 풀어씁니다. 결국 알아보는 능력은 많이 듣고 많이 봄으로써 사람이나 사물의 가치 수준 및 정도를 파악하고 그 크고 작음과 많고 적음, 있고 없음에 따라 대상을 나누어 따로 몫을 짓고 필요에 따라 쓸 수 있는 기준을 가졌다는 뜻입니다. 이처럼 알아보고 가름하는 안목이 바로 배움이라는 집의 기둥입니다. 기둥이 제자리를 잡아야 들보를 올릴 수 있습니다. 들보를 놓아야 지붕을 올릴 수 있습니다. 대들보 위에 지붕이 덮여야 비로소 하나의 집이 '집'으로서 제구실을 합니다. 기둥이 제자리를 잡고 곧추서지 않으면 집이 집다워질 수 없듯, 능력이나 가치를 알아보고 가름하는 안목이 마련되지 않는 한 배움은 앎의 성전에 이를 수 없습니다.

마음 한가운데 이미 주체로 삼는 바가
있으면 여러 책을 두서없이 배우더라도
네모와 동그라미, 가벼움과 무거움이
그림쇠와 곱자, 저울추와 저울대에서
나오는 것처럼 어김없이 정해진다.

《동몽훈童蒙訓》

'규規'는 그림쇠, 즉 지름이나 선의 거리를 재는 기구, 또는 동그라미를 그리는 데 사용하는 기구입니다. '구矩'는 곱자, 즉 나무나 쇠를 이용하여 90도 각도로 만든 기역자 모양의 자를 가리킵니다. 이 도구는 네모의 각을 그리는 데 유용합니다. 다시 말해, '규구'는 동그라미와 네모를 측량하는 데 쓰는 도구이자, 이런 도형들을 그리는 데 사용하는 도구이기도 합니다. 세상의 모든 동그라미는 그림쇠가 그리는 선을 벗어나기 어렵고, 세상의 모든 네모는 곱자가 그리는 각과 다르게 그려질 수 없습니다. 그런 까닭에 '규구'라는 단어는 도형의 형상을 바로잡는

척도, 즉 자연 세계의 질서를 가리킬 뿐 아니라, 인간 세상의 법도
와 표준을 나타내는 말로도 쓰입니다.

　'권權'은 저울의 추, '형衡'은 저울의 대를 가리킵니다. 저울추와
저울대는 무게를 다는 데 필수불가결한 도구입니다. 저울대에는
눈금이 새겨져 있으며 무게를 달 때는 각각의 눈금이 특정한 무게
를 나타내도록 정해진 기준량의 저울추를 사용합니다. 저울질하는
원리를 알고 있는 한 가벼움과 무거움의 정도가 뒤바뀌는 법은 없
습니다. 설사 저울질을 눈속임하는 사람이 있을지라도 주어진 저
울대와 저울추를 사용하는 원리를 제대로 이해하고 있다면 참과
거짓을 가려낼 방법은 얼마든지 있습니다.

　자연 세계에는 자연을 측량하는 척도가 존재하고 인간 사회에
는 사회의 질서를 추구하는 법도가 존재합니다. 사실을 판단하는
표준이 존재할 뿐 아니라, 진실을 헤아리는 표준도 존재합니다. 공
부란, 결국 이 서로 다른 표준 사이에서 '나'의 기준을 세우는 일입
니다.

책을 읽으면서
다른 사람의 해석을 볼 필요는 없다.
성인의 말씀을 보면
쉽게 알 수 있는데,
다른 사람의 해석을 보면
볼수록 헷갈린다.

《송원학안宋元學案》

공부는 궁극적으로 스스로의 답을 찾는 일입니다. 답을 찾기 위해서는 길을 묻고 도움을 청하는 과정이 필요합니다. 그러나 때로는 너무 많이 묻고 서로 다른 가르침을 넘치게 들은 나머지 무엇을 찾아야 할지조차 모르게 되는 경우가 있습니다. 여러 갈래 길이 나타난 길목에서 어디로 가야 할지 막막해지는 것과 마찬가지입니다. 가장 좋은 것은 스스로 어떤 길을 통해 목적지에 이르기를 바라는지 아는 것입니다. 빠른 길로 가고 싶은지, 안전한 길로 가고 싶은지, 시간이 걸리더라도 스스로 새로운 길을 개척하고 싶은지……. 나를 알아야 나에게 맞는 길을

걸으며 적절한 도움을 구할 수 있습니다. 슬프게도, 모든 사람이
자신이 무엇을 원하는지 명확하게 아는 것은 아닙니다.

　'성인의 말씀'은 누구에게나 하나의 지침이 될 수 있습니다. 성
인은 앎으로 향하는 배움의 길을 끝까지 가본 사람입니다. 앎이라
는 산의 정상에 올라선 사람이라고도 하겠습니다. 그러니 '성인'은
사실 사람의 한계를 뛰어넘은 존재라 할 것입니다. 정상으로 향하
는 갈림길은 무척 많지만 산꼭대기에 선 사람의 눈에는 그 길의 서
로 다른 방향이 한눈에 들어옵니다. 그래서 성인의 말씀은 지침이
될 만합니다. 모든 것을 다 아는 사람의 말을 따르면, 적어도 길을
잃을 염려는 없기 때문입니다. 반면, 전부를 알지 못하는 사람들
이 가르치는 답은 오히려 머리를 어지럽힐 수 있습니다. 산중턱의
비탈까지만 오른 사람 눈에는 모든 길이 다 보이지 않습니다. 산의
발치에 겨우 이른 사람은 더 말할 것도 없습니다. 정상까지 가보지
도 않고 산을 내려오는 사람도 마찬가지입니다. 그들은 모두 산의
일부만을 알고 있기 때문입니다. "성인의 말씀을 보면 쉽게 알 수
있는데, 다른 사람의 해석을 보면 볼수록 헷갈린다"라고 한 것은
그 때문입니다.

배움은 즐거움에 이르지 않으면
배움이라 말할 수 없다.
또한 배움은 그치지 않음에 있다.
그러므로 왕통은
몸이 사라진 뒤에야 그친다고 했고,
증자는 죽은 뒤에야
즐거움이 끝난다고 했다.

《황극경세皇極經世》

　　　　　　　　　　　즐거워야 배웁니다. 대개 사람
들은 배움을 어렵고 고단한 일이라고 생각합니다. 물론 배움의 길
은 멀고도 험합니다. 악기 하나를 제대로 다루기 위해서는 몇 년
또는 몇십 년의 끈질긴 연습이 필요합니다. 매일같이 같은 음을 되
풀이해서 내는 연습을 즐거워하는 사람은 거의 없지만, 지난한 과
정을 거치지 않는 한 듣는 사람의 가슴을 뛰게 하는 연주는 불가능
합니다. 멋진 왈츠를 출 수 있으려면 먼저 자세를 바로잡아야 하
고 하나하나 스텝을 익혀야 합니다. 귓가를 맴도는 감미로운 음악
에 몸을 맡기고 물 흐르듯 플로어를 미끄러지는 즐거움은 그다음

입니다. 여러 개의 언어를 동시에 말할 수 있는 능력자라도 통역사나 번역가가 되려면 외국어 및 모국어 사전을 수없이 뒤적이며 씨름해야 합니다. 어느 분야에서나 기본기는 재미없고 따분한 훈련을 통해야 얻어지는 법입니다. 그러나 그 과정이 아무런 즐거움도 주지 못한다면, 우리는 결국 그 일을 포기하게 될 것입니다. 어려운 고비마다 숨어 있는 즐거움을 찾아내는 것, 이야말로 배움의 과정입니다.

　적절한 환경 자극이 있는 상태에서 30분 이상 운동을 지속하면 사람들은 행복감을 느낀다고 합니다. 이른바 '엑서사이즈 하이'입니다. 마라톤 주자들이 자주 경험하기 때문에 '러너스 하이'라고도 합니다. 그 행복감은 헤로인이나 모르핀과 같은 마약을 투약했을 때 나타나는 도취감과 흡사하며 마리화나를 피울 때의 쾌감에 필적한다는 연구결과도 있습니다. 마라톤은 42.195킬로미터라는 장거리를 달리면서 체력의 한계에 도전하는 경기입니다. 그래서 고되고 힘든 어떤 일의 연속적인 수행을 가리키는 관용어로도 쓰입니다. 숨이 턱턱 닿는 마라톤 경기에서도 러너스 하이와 같이 숨어 있는 즐거움이 있습니다. 배움의 즐거움이란, 생명이 이어지는 한 끝나지 않습니다.

게으른 마음으로 평생을
사는 것은
곧 스스로를 해치고
버리는 일이다.

《어록語錄》

　　　　　　　　　　　　　"생각을 조심하라, 말이 된다.
말을 조심하라, 행동이 된다. 행동을 조심하라, 습관이 된다. 습관
을 조심하라, 성격이 된다. 성격을 조심하라, 운명이 된다. 우리는
우리의 생각대로 된다." 영국 최초의 여성 총리였던 마거릿 대처의
인상 깊은 명언입니다.

　　일상에서 '게으르다'라는 말은 타인을 평가하는 데 주로 사용되
며 행동이 굼뜨거나 일하기를 싫어하고 매사를 귀찮아하는 사람을
지칭하는 경향이 있습니다. 그러나 '게으를 解'라는 글자의 형태
가 보여주는 것처럼 '게으름'은 본디 마음에서 오는 것입니다. '마음

심心'을 제외한 '게으를 해'의 나머지 부분은 '풀 해解'라는 글자입니다. 이 글자는 칼을 들고 소의 몸에서 그 뿔을 잘라내는 형상을 본떠서 만들어졌으며 점차 '붙어 있는 것을 나누다, 닫히거나 봉해진 것을 열다, 묶인 것을 풀다'와 같은 뜻을 포함하게 되었습니다. 그래서 '게으름'은 꼭 지켜야 한다고 믿는 것이나 반드시 해야 한다고 생각하는 것을 느슨하게 만드는 힘이 있습니다.

또 사전적으로 '게으르다'라는 말은 어떤 사람에게 게으름을 피우고자 하는 성미나 버릇이 있음을 가리킵니다. 성미는 주로 개인이 타고난 바탕과 연관되며 버릇은 습득된 행동이 누적된 결과로 만들어진 것입니다.

선천적으로 타고났든 후천적으로 만들어졌든, 게으름은 결국 한 사람의 행동을 결정하는 일종의 원형原型이 됩니다. 게으른 마음이 게으른 행동을 낳고 게으른 행동이 게으른 습관으로 굳어지며 그 사람의 삶을 결정하는 것입니다. 게으른 마음으로 평생을 사는 것은 곧 스스로에 대한 폭력이며 스스로에 대한 포기가 아닐 수 없습니다.

옛 책을 백 번 넘게 물리지 않고 읽으며
익힌 책을 깊이 생각하면
그대 절로 알리라.

〈송안돈수재실해서귀送安敦秀才失解西歸〉

　　　　　　　　　　안돈安敦은 신종에서 휘종徽宗에
이르기까지 감찰어사, 이부시랑, 간의대부, 병부상서, 지추밀원사
에 이르는 조정의 요직을 두루 거친 북송의 대신입니다. 그러나 삼
대에 이르는 황제를 모신 이 조정의 관료에게도 낙방의 쓴잔을 마
시고 청운의 뜻을 이루지 못해 실의에 빠졌던 젊은 날이 있었습니
다. 이 시는 안돈의 선배였던 소식이 과거에 낙방하고 고향으로 돌
아가게 된 그를 위로하고 격려하기 위해 쓴 것입니다. 안돈의 고향
이 사천四川이었으므로 제목에 '서쪽으로 돌아간다西歸'는 표현이 보
입니다.

시의 첫머리에 보이는 '옛 책'은 '옛사람의 지혜가 담긴 책', 즉
경전을 가리킵니다. 경전은 옛 지혜의 정수가 담긴 책인 만큼 여러
번 읽어도 물리지 않습니다. 오히려 읽을수록 새로운 깨달음이 더
해져 더 큰 재미와 의미를 느낄 수 있습니다. 그러나 단순히 책을
읽는 일을 반복하는 것만으로는 부족합니다. 여러 번 읽어 구석구
석을 익히 아는 책이라면 두고두고 깊이 생각해서 그 뜻을 체득해
야 합니다. 그래야 '옛사람의 지혜'가 비로소 '오늘, 여기'에서 '나의
지혜'로 바뀝니다. 그 변화가 일어나는 순간이 바로 '스스로 아는自
知' 때입니다.

얼핏 이 두 구절은 안돈의 공부가 부족했다는 꾸짖음처럼 들립
니다. "스스로 알게 될 때까지 물리지 말고 계속 읽고 끊임없이 생
각해라." 그러나 "그대 절로 알리라子自知"라는 구절을 다시 보고 있
으면, 후배의 낙방을 안타깝게 여기는 소식의 마음이 아지랑이처
럼 피어납니다. "한 번의 실패가 지금까지의 노력을 모두 무의미하
게 만드는 것은 아니다. 사실 너는 이미 알고 있다. 아직 충분히 드
러나지 않았을 뿐이다. 더 넓히고 깊게 하라. 하던 대로 이어간다
면 언젠가는 결실을 맺을 것이다." 힘내라는 단순한 응원보다 속
깊은 충고가 아닐 수 없습니다.

어려서 부지런하지 않으면
어찌할 방법이 없나니!
나이가 들면 잘 잊게 되는데,
대개 이전의 성과로 메우는 법이라!

《정기집精騎集》

　　　　　　　　　　고대 중국에는 불로장생의 비법
을 전문적으로 연구하는 방사方士들이 있었습니다. 그들의 최종 목
표는 무엇이었을까요? 바로 신선神仙이 되는 것입니다. 신선은 불사
의 존재이지만 보통의 신성한 존재들과 달리 수련을 통해 인간의
노력으로 획득할 수 있는 신분입니다. 또 신선은 육신을 지녔다는
점에서도 다른 초월적인 존재들과 변별됩니다. 방사들은 왜 신선
이 되기를 꿈꾸었을까요? 늙지 않는 육체와 시들지 않는 정신 때문
이 아닐까요? 인간은 태어나고 자라서 성숙한 뒤 서서히 노화의 과
정을 겪습니다. 육체의 노화뿐 아니라 정신의 쇠퇴도 경험합니다.

늙는다는 것은 단순히 나이를 먹는 현상이 아니라 어제까지는 너무도 당연히 가능했던 일이 점차 버거워지는 서글픈 과정입니다. 팔과 다리가 무거워지고 눈이 침침해지며 또렷하던 기억마저 가물가물해집니다.

　　진관秦觀은 《정기집》〈서〉에서 그 서글픔의 과정을 이렇게 글로 옮겼습니다. "내가 어릴 때는 책을 읽으면 한 번만으로도 바로 욀 수 있었고 옮겨 쓰면 틀리는 글자가 그리 많지 않았다. 그래서 자만하고 술을 마시며 사람들과 놀러다니기를 좋아했다. 한 달에 며칠씩 책을 보지 않기도 했다. 좋은 기억력에도 불구하고 부지런히 힘쓰지 않아 학업을 망쳤다. 최근 몇 년 동안 꽤 열심히 학업에 힘쓰며 예전의 일을 후회했다. 그러나 시력도 청력도 전만큼 좋지 않아서 겨우 과거의 십 분의 일 수준이다. 한 가지를 읽으며 마음속으로 되풀이하는데도 책을 덮으면 아무것도 모르겠고 여러 번 다시 읽어도 기억이 잘 나지 않는다. 그러므로 부지런을 떨면서 힘들게 노력하는데도 잘 잊어버려 학업을 망치고 있다."

　　젊은 시절의 부지런함은 늙어가는 정신을 구원할 유일한 비법입니다. 우리가 신선이 되어 영원한 젊음을 누리지 못하는 한 말이죠.

책을 버리고 놀고 쉴 때도
그 뜻은 외려 마음속에 둔다.
오래도록 그리하면 옛사람들이
마음 쓴 곳을 보게 된다.

《황정견시집주黃庭堅詩集註》

　　　　　　　　　　황정견은 송대 시단의 거두이자
강서시파江西詩派의 스승으로서 내용 및 형식의 변주에 중점을 두는
송시 창작의 모범을 제시했습니다. 그의 시 창작론은 '무쇠를 녹여
황금으로 만든다'는 뜻을 지닌 '점철성금법點鐵成金法', 또 '타고난 형
상을 벗고 뼈대를 바꾼다'는 뜻을 지닌 '탈태환골법奪胎換骨法'의 두 가
지로 요약될 수 있습니다. '무쇠'는 상대적으로 가치가 없는 금속이
고, '황금'은 무엇보다 가치가 높은 귀금속입니다. 따라서 '점철성금
법'은 그다지 유명하지 않은 작품의 그리 대단하지 않은 시구를 찾
아 새로운 작품에 적절히 배치함으로써 황금처럼 찬란한 작품으로

재탄생시키는 방식을 가리킵니다.

'탈태'는 타고난 형상을 벗어나는 것이고, '환골'은 타고난 뼈대를 바꾸는 것입니다. 사람의 경우라면 다시 태어나지 않는 한 불가능한 일이지요. 그러나 황정견은 시 창작에 이를 적용해 작품 전체의 뜻은 그대로 유지하되 어휘와 형식을 다채롭게 변화시켜 완전히 다른 작품으로 써내거나, 원래의 틀은 유지하되 시어의 선택이나 배치를 달리함으로써 전혀 다른 시의 의경을 창조할 수 있다고 보았습니다. 이런 시 창작은 이전까지의 작품이나 고전에 대한 해박한 지식과 심오한 이해 없이는 불가능합니다. 그래서 황정견은 시 창작을 위해서 반드시 기존 작품을 두루 섭렵하고 자기화해야 한다고 믿었습니다. 그런 의미에서, 위의 글은 고전을 잘 되새겨 자기화하는 황정견의 노하우를 적은 것이라고도 할 수 있습니다. 책은 눈앞에 두었을 때만 배우고 익히는 대상이 아닙니다. 오히려 놓고 쉴 때 마음에서 되새겨야 비로소 자기화됩니다. 책에서 얻은 정보가 체험을 통해 확인될 때만 앎으로 승화하는 것입니다.

안다고 하는 것은
옳음과 그름을 가름할 수 있는 것이며
삿됨과 바름을 가름할 수 있는 것이다.
이렇게 해야 덕을 쌓을 수 있다.

《여씨동몽훈呂氏童蒙訓》

'알 식識'이라는 글자는 원래 말
소리를 가리키는 글자言와 군대가 명령하는 소리에 따라 일사불란
하게 창을 들고 훈련하는 모습을 나타낸 글자戠를 합친 것으로 처
음에는 '호령하는 소리를 듣거나 휘두르는 깃발을 본다' '군령을 인
식하고 그에 따라 행한다'는 뜻으로 쓰였습니다. 다시 말해, 서로
다른 명령을 보거나 들어서 분별하고 그 지시에 따라 행동한다는
의미입니다. 여기서 '앎'의 두 가지 범주를 확인할 수 있습니다. 안
다는 것은 우선 어떤 대상의 특징을 깨닫고 알아본다는 뜻입니다.
다른 차원에서, 안다는 것은 머리로 인식하고 판단한 내용을 몸으

로 행한다는 실천적인 의미를 포함합니다.

　비판 철학의 창시자이자 서양 근대의 대표적 철학자 칸트는 인간의 이성을 순수한 인식 차원과 인식의 실천적 차원으로 나누어 설명한 바 있습니다. 《여씨동몽훈》도 '앎'을 두 가지 차원으로 나누어 설명합니다. 하나는 '옳고 그름'을 판단하는 것입니다. 이는 '맞는 것과 틀린 것' '이것과 저것'을 가리는 순수한 가치 판단에 가깝습니다. 다른 하나는 '삿됨과 바름'을 판단하는 것입니다. 이는 '빗나간 것과 들어맞는 것' '하지 말아야 할 것과 해야 할 것'을 가리는 실천적인 가치 판단과 연관되며, 사람이 지켜 마땅할 '사람다움'을 지향합니다. 우리의 앎은 기본적으로 맞고 틀림의 문제와 연관됩니다. 그러나 단순히 맞고 틀림의 확인만으로는 앎이 완성되지 않습니다. 옳고 그름에 대한 판단은 반드시 실천으로 이어져야 가시화됩니다. 비록 옳은 선택을 했더라도 바른 방식을 취해야 덕으로 이어져 쌓입니다. 옳은 선택을 바른 실천으로 이어갈 때만 사람은 사람다워집니다. '사람답다'는 덕망은 하루아침에 이루어지지 않습니다. 티끌 같은 매일의 덕이 하염없이 쌓여야 태산이 됩니다.

남이 한 번에 할 수 있다면
나는 백 번을 하고,
남이 열 번에 할 수 있다면
나는 천 번을 한다.

《예기禮記》

　　조선의 선비 김득신이 글자를
배우기 시작한 것은 열 살 무렵이었습니다. 태어난 지 여덟 달 만
에 글을 읽고 다섯 살에 어전에서 시를 지으며, 외할머니 등에 업
혀 "붉은 가죽 안에 빨간 구슬이 부서졌네紅皮囊裏碎紅珠"를 읊고 열세
살에는 과거에 급제하는 천재들이 득시글했던 당시 사회의 분위기
로 보아 이 출발은 늦어도 너무 늦은 감이 있습니다. 또한 그는 기
억력이 나빠서 앞에서 본 글자를 뒤로 돌아앉기만 해도 잊었다고
합니다.

　사실 그는 어려서 천연두를 앓아 지능 발달이 늦은 사람이었습

니다. 그러나 열 살 무렵에 처음 글자를 배우고 스무 살에 처음 글을 지었던 그는 결국 서른아홉에 소과에 급제했고 쉰아홉에는 대과에 급제했습니다. 또한 당시로서는 보기 드물게 여든까지 장수를 누렸습니다. 대문장가 이식에게서 "이 시대 최고의 시인"이라는 칭송을 받기도 했습니다.

　김득신의 저서 《백곡집柏谷集》에 〈독수기讀數記〉라는 글이 실려 있습니다. 독수기란 책을 읽은 횟수를 헤아려 적은 글입니다. 이 글은 "〈백이열전〉을 1억 1만 3천 번 읽었다"라는 말로 시작합니다. 글에는 그가 즐겨 읽었던 고문古文 서른여섯 편의 제목이 등장하는데, 그 가운데 1만 번 이하로 읽은 글의 제목은 보이지 않습니다. 1만 번을 채 읽지 못한 글은 아예 기록하지도 않은 것입니다.

　1만 시간의 법칙이라는 말이 있습니다. 《아웃라이어》의 저자 말콤 글래드웰은 시대를 대표하는 천재들이 모두 자기 분야의 최고가 되기 위해 적어도 1만 시간 이상 꾸준히 노력했다고 주장합니다. 1만 시간은 하루 3시간, 일주일에 20시간씩 10년 동안 쉬지 않아야 얻어지는 시간입니다. 댓돌을 뚫는 것은 결국 쉬지 않고 꾸준히 떨어지는 낙숫물인 셈입니다.

배우려는 이는
궁금한 점이 있어야 나아갈 수 있다.
그러니 있는 힘을 다해 깊이 파고들며
모든 방향으로 의구심을 가져야 한다.

《송원학안宋元學案》

공자는 "분발하며 노력하지 않으면 열어주지 않고, 말하고 싶어 애태우지 않으면 기회를 주지 않으며, 부분에 대해 설명을 했는데도 전체를 파악하지 못하면 다시 같은 것을 일러주지 않는다"라고 했습니다. 배움과 가르침은 일종의 상호작용입니다. 배움이 앞서든 가르침이 앞서든 계기는 다를 수 있지만, 한쪽이 앞서기만 한다면 그런 교학의 성과는 기대에 부응하지 못할 것입니다.

양시楊時는 북송 이학의 대표자인 정호程顥의 문하로서 그 학문의 정수를 이었다고 평가받는 인물입니다. 그가 학업을 마치고 고향으로 돌아가게 되었을 때, 정호는 이 제자를 배웅하면서 "내 도가 남쪽에 있겠구나!"라며 탄식했다고 합니다. 양시는 '바름織'과 '생각思'이라는 두 가지를 학생의 필요조건으로 꼽았습니다. '바름'은 온 정성을 다해 배우고자 하는 마음을 지키며 배운 것을 삶에서 실천하고자 하는 노력을 가리키고, '생각'은 배운 것에 그치지 않고 진리를 깨우치기 위해 심사숙고하는 태도를 가리킵니다.

　'생각'의 첫 번째 단계는 우선 의문을 품는 것입니다. 알고자 하는 마음이 없다면 궁금증은 생겨나지 않습니다. 그런 까닭에 의문을 품는 것이 배움의 첫 단계가 됩니다. 알고자 하는 바가 있는데 스스로 깨우칠 수 없다면 질문을 던져야 합니다. 질문이라는 행동은 '생각'을 '바름'과 연결시킵니다. 답을 구하든 방법을 구하든, 그래야 배움의 길에서 한 걸음씩 앞으로 나아갈 수 있습니다. 가르침이 목적지에 이르는 가장 빠른 길을 보여주더라도 배우는 사람이 실제로 그 길을 걷지 않으면 목적지에 이를 도리가 없습니다. 배우는 사람이라면 모름지기 의문을 품어야 합니다. 그래야 앎의 길에서 첫발을 내디딜 수 있습니다.

학문의 방법에는
다른 것이 없으며,
놓친 마음을 구하는
것뿐이다.

《맹자孟子》

《맹자》에 이런 말이 있습니다.
"어짊은 사람의 마음이며, 의로움은 사람이 가야 할 길이다. 그 길을 버리고 지나다니지 않으며, 그 마음을 잃고도 찾아올 줄 모르다니, 슬프도다! 사람들은 닭이나 개를 잃어버리면 당연히 찾아올 줄 알면서 마음을 잃고는 도리어 찾을 줄 모른다. 학문은 다른 것이 아니라 잃어버린 마음을 되찾는 일이다."

맹자는 사람이 선한 본성을 타고난다고 보았습니다. 따라서 학문은 그 선한 본성을 그대로 보존하는 일이지 따로 밖에서 구할 것이 아니었습니다. 이처럼 사람의 마음을 우주 만물의 근본으로 여

기고 성인에 가까워지도록 수양할 것을 주장하는 유학 일파를 '심
학心學'이라고 합니다. 심학은 맹자에 기원을 두고 북송의 정호, 남
송의 육구연陸九淵을 거쳐 명대明代의 왕수인王守仁에 이르러 하나의
학파로 자리매김했습니다. 명대에 크게 유행했기에 왕수인의 호를
따서 '양명학陽明學'이라는 이름으로도 불립니다.

　처음 왕수인은 성리학의 가르침을 성실히 이행했습니다. 성리
학자들은 각 사물의 이치를 파악함으로써 세상 만물의 이치에 도
달하고 궁극의 진리를 알 수 있을 것이라 여겼습니다. 이른바 '격물
치지格物致知'의 공부법을 제시한 것입니다. 왕수인은 이 가르침에 따
라 대나무의 이치를 파악하고자 그 앞을 지키며 사흘 밤낮을 지새
웠다고 합니다. 그러나 먹지도 자지도 않고 대나무를 보면서 궁리
해도 대나무의 이치는 깨달을 수 없었고, 열혈한 청년 학도 왕수인
은 결국 무리한 탓에 쓰러져 병석에서 죽을 고비를 넘겼습니다. 이
사건을 통해, 왕수인은 성리학의 가르침에 의문을 품게 되었습니
다. 세상 만물에 이치가 내재한다고 하더라도 내 마음이 그를 깨달
아 알지 못하면 소용없는 일입니다. 사물의 이치도 내 마음에 들어
와야 의미가 있습니다. 결국 학문이란 잃어버린 마음을 되찾는 일
일 따름입니다.

배우고 결결이 익히니, 또한 기쁘지 아니하냐.

《논어論語》

《논어》 첫째 편의 첫 번째 구절입니다. '학이學而'라는 편명 또한 여기서 나왔습니다. 성인 공자의 말씀을 모은 책의 첫머리에 등장하는 만큼 그 뜻을 찬찬히 새겨볼 필요가 있습니다.

《설문해자說文解字》에 따르면, '배울 학學'은 어린 사람子이 손으로 위에 있는 것을 떠받든 형상을 나타낸 글자입니다. 곧 위에서 내려온 것을 물려받는 행위를 의미합니다. 배움이란 윗세대의 축적된 경험을 통해 얻어진 지혜를 얻는 일인 것입니다. '결결이'라는 말은 '어떤 일이 일어나는 때마다'의 뜻입니다. 사람은 낱말 하나를 자기

말로 하는 데도 50번의 망각을 경험합니다. 낱말 하나도 기억하고 잊기를 거듭한 끝에야 체득하니, 배움이 단번에 이루어지지 않는 것은 너무도 당연한 이치입니다.

공자는 이 배움의 과정에 '기쁨'이라는 가치를 부여했습니다. '기쁠 열說'은 원래 말로 전하는 것言과 기쁨兌을 더한 글자입니다. 다만 마음에만 담아 두는 기쁨이 아닙니다. 남에게 들었던 지혜가 온전히 내 것이 되는 순간 느껴지는 뿌듯함은 누군가에게 꼭 전하고픈 희열이 아닐 수 없습니다. 가르침을 배우고 배움이 또 다른 가르침으로 변화하는 기적은 그래서 일어납니다.

공자는 스스로를 "배우기를 싫어하지 않고 가르치기에 게으름을 피우지 않는 사람學不厭而敎不倦"이라고 일컬었습니다. 싫어한다厭는 말은 너무 많이 한 나머지 물린다는 뜻입니다. 게으름을 피운다倦는 말은 몸과 마음에 완전히 익도록 되풀이하다가 지쳐서 더 이상 하고 싶지 않게 되는 상태입니다. 싫어하는 마음도 없이 게으름도 피우지 않고 쉼 없이 하기란 참으로 쉽지 않은 일입니다. 그토록 쉽지 않은 일을 사람됨으로 갖추었으니 비로소 '성인'이라는 이름을 얻었겠지요!

배움을 이루는 방법으로는
이치를 끝까지 파고드는 것에
우선하는 것이 없다.

《성리정의性理精義》

우리는 배움을 이루기 위해 어
떤 길을 가야 할까요? 그 가운데 가장 중요한 방법은 무엇일까요?
《성리정의》는 이 질문에 다음과 같은 답을 던져줍니다. "이치를 끝
까지 파고드는 것에 우선하는 것이 없다." 즉 배움을 위해 우리가
가장 먼저 할 수 있는 일, 또는 가장 먼저 해야 하는 일은 '궁리窮理'
입니다.

궁리한다는 말은 사물의 이치를 마음속으로 이리저리 따져 깊
이 생각하고 연구한다는 뜻입니다. 어떤 사물을 대하더라도 허투
루 보거나 듣지 않으며 대상을 꼼꼼히 살피고 올바르게 따져 생각

해야만 그 이치를 얻을 수 있습니다. 그러나 대상에만 매달린다고 해서 이치가 절로 깨달아지는 것은 아닙니다. 성리학의 가르침을 따랐던 왕양명은 사물의 이치를 궁리하고자 대나무 숲에서 사흘 밤낮을 골몰하다가 생사의 기로에 놓이기도 했습니다. 그는 결국 사물을 통해 이치에 도달하는 일은 불가능하다는 결론에 도달했고, 이치를 추구하는 사람의 마음에 앎의 근본이 있다는 '심학心學'을 주장하게 되었습니다.

사물의 이치는 사흘 밤낮을 목표에만 매진한다고 해서 깨달아지는 것이 아닙니다. 늘 대상에 유념하면서 살아가는 동안 삶의 경험을 통해 어느 순간 문득 또는 서서히 얻어지는 것에 가깝습니다. 길 도道라는 글자는 가다 서다를 반복하며 걷는다는 뜻을 지닌 착辵 자와 몸을 이끄는 의식이 자리 잡고 있는 사람의 머리를 가리키는 수首 자가 합쳐진 글자입니다. 배움을 통해 앎을 이루는 길은 본디 이처럼 지난하고도 지루합니다. 그 길은 전력질주로 달린다고 해서 10초 안에 주파할 수 있는 잘 다져진 트랙이 아니라, 풀숲도 헤치고 나무 그늘에서 쉬기도 하고 꽃 냄새도 맡고 새소리도 들으면서 가야 하는, 앞도 뒤도 잘 보이지 않는 어둑한 산길입니다.

배움이란 언제나 명쾌하다고
자신할 수 없는 것이다.
마땅히 더디고 무딘 곳을 깨칠 때까지
고민해야 한다.

《서재노학총담庶齋老學叢談》

우리가 보통 앎에 도달하기 위
해 사용하는 방식, 즉 과학은 사물의 구조, 성질, 법칙 등을 일정한
표준에 따라 관찰하고 분석해 얻어지는 체계적이고 논리적인 지식
의 체계를 가리킵니다. 인간은 시공간적 제약에 구속되는 제한적
존재이기에 총체가 아닌 부분, 전체가 아닌 단편만을 지각합니다.
따라서 부분과 단편을 관찰하고 분석한 결론을 바탕으로 세워진
가설은 언제나 새로운 증거에 의해 갱신될 가능성이 있습니다. 공
부를 하는 사람이 배우고 익힌 앎이 언제나 명쾌한 것이라고 자신
할 수 없는 이유가 또한 여기에 있습니다. 진리의 전모에 도달하기

까지 우리는 스스로의 판단을 끊임없이 유보하면서 회의하고 확인해야 하는 것입니다. 과학은 이처럼 단순히 과학적인 개념과 이념만을 지시하는 것이 아니라 끊임없이 회의하는 그 방식을 가리킵니다.

지遲라는 글자는 무소처럼 느릿느릿 가는 모습을 가리키는 말입니다. 둔鈍은 벼려지지 않아 날카롭지 못한 무쇠의 상태를 형용합니다. 쇠붙이는 인류의 문명을 발전시켰습니다. 물질문명은 쇠붙이의 사용과 함께 발달하고 진화했다 해도 과언이 아닙니다. 청동기의 발명은 국가를 탄생시켰고, 철기의 발명은 농업 혁명을 일으켰습니다. 쇠붙이가 이처럼 인류사의 큰 변화를 이끌었던 것은 이전의 돌붙이나 나무붙이와는 비교할 수 없을 정도로 날카로운 성질을 지녔기 때문입니다. 그러나 아무리 질 좋은 무쇠라 해도 벼려지지 않으면 나무토막이나 돌덩이에 비교해 나을 것이 없습니다. 배움도 마찬가지입니다. 느린 걸음이라도 쉬지 않고 나아가며 둔해진 곳을 날마다 갈고 닦으며 벼리지 않으면 그 앎은 명쾌해질 도리가 없습니다.

5 장

行

—

어떻게 나아갈 것인가

행하고도
남은 힘이 있다면
글을 배울 수 있다.

《논어論語》

　　　　　　　　　　　배움이란 무엇보다 실천입니다.
고대 중국에서는 문자가 보급되기 전부터 학교가 있었고, 풍부한
사회 경험을 지닌 연장자들을 스승으로 모셨습니다. 이때 배움은
대부분 스승의 말과 행동을 본받는 방식으로 이루어졌습니다. 연
장자를 스승으로 모셨으므로 '젊은이弟子'는 자연스럽게 '배우는 사
람學生'이 되었습니다. 즉 이 글은 배우는 사람의 바람직한 태도를
논한 것입니다.
　　이때 가장 중요한 것은 일상적인 삶의 태도입니다. 공자는 우
선 사람으로서 마땅한 태도, 스스로의 몸가짐이나 남을 대하는 데

적합한 행동을 가르쳤습니다. 배우는 사람은 언제나 받아들일 자세를 갖춰야 합니다. 거만한 사람보다 겸손한 사람이 잘 배우는 것은 당연한 이치입니다. 그래서 공자는 언제 어디서나 공손한 태도를 취하라는 말을 가장 앞세웁니다. 그래야 비로소 가르침이 보이고 들리고 마음에 담기기 때문입니다. 배운 것이 몸과 마음에 익으려면 끊임없이 되풀이되어야 합니다. 아직 몸과 마음에 채 익지 않았기에 젊은이의 말과 행동은 어설픕니다. 말과 행동을 삼가며 말한 바를 실천하려 애써야 하는 것은 그 때문입니다. 사람은 혼자서 살 수 없기에 관계를 맺는 방식 또한 배움의 주요한 내용이 됩니다. '무리衆'는 나 아닌 다른 사람들을 가리키기도 하고 그 사람들의 공통된 견해를 가리킬 수도 있습니다. 배우는 사람은 늘 사람들을 대함에 변함없이 진실한 태도를 유지하도록 노력하며 사람들의 공통된 견해나 약속을 소중히 여기고 아껴야 합니다. 나아가 '어진 사람'을 혈육처럼 가까이한다면 성인에 한 걸음 더 가까워질 것입니다.

문자를 익히고 줄글을 쓰는 것은 이 모두를 실천으로 옮기고 난 뒤의 일입니다. 글공부를 위해 모두를 뒷전으로 미루는 오늘날과는 참 대조적인 가르침이 아닐 수 없습니다. 과연 글로만 배우는 지식이 우리 삶을 대체할 수 있을까요? 교육의 참된 목적을 다시 생각해볼 때입니다.

세 사람이 길을 가면 반드시 거기에 내 스승이 있다.

《논어論語》

　　　　　　　　　　한 번쯤은 들어본 공자님 말씀입니다. 앞서 길을 가는 세 사람 가운데 적어도 한 사람은 스승으로 삼을 만하다는 뜻으로 풀이됩니다. 셋은 양수陽數인 하나와 음수陰數인 둘을 더한 완전수, 즉 '모두'를 가리키는 상징적인 숫자이기에, 이 문장은 "길가를 오가는 숱한 사람들 중에는 내가 본받아 따를 만한 사람이 반드시 있다"라는 뜻으로도 읽힙니다.

　　이 '세 사람'은 어떤 사람일까요? 첫째는 나보다 나은 사람입니다. 이 사람은 본받아 따를 만한 사람이니 반드시 내 스승이 되어야 합니다. 둘째는 나보다 못한 사람입니다. 나보다 못한 사람이

어떻게 내 스승이 될까요? "나은 바를 골라 그를 따르고, 낫지 못한 바를 골라 그를 고친다"라는 다음 구절에서 그 뜻을 헤아릴 수 있습니다. 나보다 나은 사람은 당연히 본받고 따라야 합니다. 그러나 나보다 못한 사람을 만나더라도 그 부족함을 통해 내 허물을 깨닫고 이를 피해 고쳐나갈 수 있습니다. 이 사람은 일종의 나쁜 롤모델, 즉 반면교사가 됩니다. 그렇다면 세 번째는 어떨까요? 바로 나만 한 사람입니다. 자신의 행동을 객관적으로 바라보기는 어렵습니다. 나만 한 사람의 말과 행동은 거울의 그림자처럼 나를 객관화하는 데 도움을 줍니다. 나와 엇비슷한 사람을 만나는 일은 결국 평소에 잘 알지 못했던 자신의 장단점을 중립적으로 파악하는 기회가 되는 셈입니다.

　무엇보다 눈길을 끄는 것은 "세 사람이 있다"가 아니라 "세 사람이 길을 간다"라는 구절입니다. 스승은 언제나 길을 가는 사람, 도를 구하는 사람이어야 한다는 가르침이 긴 여운으로 남습니다.

기예는 스스로 세우는 것이요,
이름은 남이
이뤄주는 것이다.

《반란대집班蘭臺集》

        누군가 불러주지 않으면, 이름은 제구실을 하지 못합니다. 알아주는 사람이 많아야 비로소 '이름이 있다有名'라고 일컫는 것은 그런 까닭입니다. 사람들은 대개 유명해지기를 원하지만, 아무나 유명해지는 것은 아니며, 세상에는 유명한 사람보다 무명의 설움을 가진 이가 많습니다. 유명함은 어쩌면 오랜 무명의 시기를 견뎌내고야 주어지는 것인지도 모르겠습니다. 어쨌든 남이 나의 이름을 알아주기까지는 그만한 시간이 필요합니다. 먼저 스스로 기예를 이뤄야 하고, 또 누군가 그를 인정해 줘야 합니다.

　　예술이란 아름다움을 표현하려는 인간의 활동 및 그 산물을 이르는 말입니다. '아름다움'이 예술의 충분조건이라면, '인간의 활동'은 예술의 필요조건입니다. 아무리 아름다운 것이라 할지라도 인간의 손이 닿지 않은 것은 '자연'의 소산일 뿐 결코 '예술'이라 일컬을 수 없습니다. 다시 말해, 예술은 사람의 의지와 노력이 필요한 일입니다.

　　'예藝'는 본디 땅에 씨를 심어서 키우는 기술을 가리켰습니다. 이 글자는 식물을 재배하고 경작하는 일이 자연으로부터 가장 먼저 분리된 인간 활동임을 시사합니다. 아름다움을 나타내는 '미美'라는 글자는 원래 포동포동하게 살진 양을 가리키는 글자였습니다. 제대로 자란 양을 잡아먹으면 그 맛이 좋다는 뜻입니다. '예'가 농경과 연관되는 글자라면, '미'는 목축과 연관되는 글자인 셈입니다. 이처럼 예술과 아름다움은 자연에 완전히 종속되었던 인간이 그로부터 독립한 일과 연관됩니다. 기예는 한 개인의 의지와 노력으로 달성되는 기술일 뿐 아니라, 인류 자립의 기초가 되는 조건이기도 한 것입니다.

성인의 도리란
물처럼 담박해 맛이 적으니
공부하는 사람들이
좋아하지 않는다.

《진서晉書》

　　　　　　　　　　진리는 단순합니다. 어려운 말
이 아닙니다. 어려운 말이 아니기 때문에 신기하지 않고 진부하게
들릴 수 있으며 심지어 아무런 멋도 없이 느껴질 수 있습니다. 조
미료를 넣지 않은 음식을 먹었을 때 싱겁게 느껴지거나 맛이 없다
고 생각되는 이유와 같습니다. 천연의 재료로 만든 음식은 자극적
이지 않아 별다른 인상을 남기지 않습니다. 그래서 흔히들 '몸에 좋
은 음식이 맛이 없다'라고 말합니다. 대개 유명한 맛집의 음식은 간
이 세다고 합니다. 누가 먹어도 처음부터 강한 인상을 남기는 것은
그 때문입니다. 그러나 거듭 이런 음식들을 먹다 보면 어느 순간

물리거나 속이 불편해져서 밋밋하게 느껴지는 집밥이 절실해지곤
합니다. 집밥은 매일 먹는 밥입니다. 매일 먹으니 맛이 있는 줄 모
르고 얼마나 고마운 것인지조차 종종 잊습니다. 매일 먹어서 우리
의 피가 되고 살이 되는 줄 생각지 못합니다.

우리 몸의 세포들은 석 달에 한 번씩 바뀐다고 합니다. 새로운
피와 살을 만들기 위해 적어도 석 달이 걸리는 셈이니, 뭔가를 잘
못 먹어 건강을 잃었다면 이를 되찾는 데도 같은 시간이 필요할 것
입니다. 우리의 몸이 건강을 위해 석 달의 집밥을 필요로 하는 것
과 마찬가지로, 우리의 마음과 생각 또한 꾸준한 진리의 공급을 필
요로 합니다.

조미료를 넣지 않은 음식은 사람을 당기는 맛이 적습니다. 그
러나 속이 편합니다. 먹을수록 살이 되고 피가 되는 것을 느낍니
다. 성인의 도리도 이와 같습니다. 무덤덤하게 들리지만 속으로 새
길수록 다른 맛을 느끼고 몸으로 옮길수록 새삼스레 옳다고 여겨
집니다. 경험이 늘고 생각이 깊어질수록 우리 삶에 살이 되고 피가
됩니다.

안회는 하나를 들어서
열을 알고,
저는 하나를 들어서
둘을 압니다.

《논어論語》

　　　　　　　　　어느 날, 공자가 자공子貢을 불
러 물었습니다. "너와 안회를 비교하면, 누가 더 뛰어나냐?" 자공
은 겸손하게 답합니다. "제가 어찌 감히 안회와 견줄 수 있겠습니
까? 안회는 하나를 들어서 열을 알고, 저는 하나를 들어서 둘을 압
니다." 현재의 관점에서 보았을 때, 교사가 학생들의 우열을 노골
적으로 비교하는 것은 일종의 금기입니다. 그런데 이 일화 속에서
스승은 제자를 불러 자리에 없는 또 다른 제자와 스스로를 비교하
라고 합니다. 혹시 여기에 남다른 뜻이 있었을까요?
　　자공은 사물이나 사람의 우열을 가리는 안목을 가졌고 그에 대

한 자부심도 강했습니다. 적어도 막연한 열등감에 시달려 벗을 시
기하는 사람은 아니었습니다. 그래서 공자도 위와 같은 질문을 던
졌을 것입니다. 아니나 다를까, 자공은 서슴없이 안회가 자신보다
다섯 배는 앞선다고 대답했습니다. 그런데 스스로를 "하나를 들어
서 둘을 안다"라고 평가한 점이 더욱 인상적입니다. 남을 평가하는
일은 쉽습니다. 다른 사람에 대해서는 상대적으로 객관적인 시선
을 유지할 수 있기 때문입니다. 나와 남 모두에 대해 공정한 기준
을 적용했다는 데 자공의 탁월함이 있습니다.

　이어지는 대화에서 공자는 자공에게 "너와 나는 모두 그에게 미
치지 못한다"라고 말합니다. 스승이 제자 앞에서 자신의 부족함을
시인하는 일은 쉽지 않습니다. 더욱이 한 제자 앞에서 다른 제자를
그토록 칭찬하다니, 위험천만한 일입니다. 그러나 공자는 자공과
의 대화에서 자신이 안회에 미치지 못함을 숨기지 않습니다. 이는
안회에 대한 인정이라기보다는 자공의 안목과 판단력, 인품에 대
한 인정이라 할 것입니다. 참으로 부러운 스승과 제자 사이의 대화
가 아닐 수 없습니다.

저는 선생님이 집안일을 하면서
어르신들께서 계실 때는 개나 말조차
꾸짖지 않으려 삼가시는 모습을
좋아합니다. 하여 배우고자 하는데 아직 잘
배우지 못했습니다. 저는 선생님이 손님을
맞아 접대하면서 공손하되 넘치지 않은
태도를 갖추고 흐트러지거나 소홀함이
없이 대하시는 모습을 좋아합니다.
하여 배우고자 하는데 아직 잘 배우지
못했습니다. 저는 선생님이 조정에 나아가
아랫사람들을 엄히 단속하면서도 그들을
무안하게 하거나 다치게 하는 일이 없으신
것을 좋아합니다. 하여 배우고자 하는데
아직 잘 배우지 못했습니다.

제가 이 세 가지를 좋아하여 배우고자
하는데도 아직 잘 배우지 못했을 뿐입니다.
제가 어찌 감히 배우려고도 않으면서
선생님의 문하에 제자로 있겠습니까?

《설원說苑》

공명선公明宣은 증자曾子의 문하에
서 삼 년 동안이나 글을 읽지 않았습니다. 하루는 보다 못한 스승
이 제자를 불러 따져 묻습니다. "너는 내 문하에서 삼 년 동안 있으
면서 도무지 배우지를 않으니 어찌 된 일이냐?" 스승의 질책에 당
황할 줄 알았던 제자는 의외로 차분히 자기 입장을 피력합니다.

공명선은 자신이 스승을 따라 기꺼이 배우고자 하는 일로 다음
의 세 가지를 꼽았습니다. 첫째, 집안의 대소사를 빈틈없이 처리하
면서도 어른들이 편안하시도록 큰 소리조차 삼가는 것, 둘째, 손님
을 맞아 공손하면서도 비굴하지 않은 태도로 넘치지도 모자라지도
않게 대접하는 것, 셋째, 조정에서 아랫사람들을 엄히 다스리되 상
대의 몸이나 마음이 상하지 않도록 처신하는 것.

공명선이 스승인 증자에게 배우고자 한 일들은 이처럼 모두 그
의 인품에서 우러난 말과 행동이었습니다. 또한 그는 자신이 애써
노력하고 있으나 아직 이 세 가지 일의 경지에 이르지 못했을 따름
이라고 거듭 고백합니다. 배우는 사람이 자기 수준을 정확하게 알
기란 쉬운 일이 아니건만, 공명선은 이처럼 배움의 정도를 정확하
게 가늠해냅니다.

글을 읽지 않는 모습만 보고 배움의 의지가 부족하다고 의심해
다그쳤던 스승은 제자의 대답에 옷깃을 여미고 낯빛을 고칩니다.
증자는 처음과는 태도를 달리해 앉았던 자리를 양보하고 제자에게

사과합니다. "내가 네게 미치지 못하는구나. 네가 구하는 것이야말로 진정한 배움이다."

　글로 쓰인 지식이나 정보만을 배우려 하지 않고 스승이 지닌 학문의 정수를 배우고자 한 공명선도 대단하지만, 제자의 깊은 속내를 헤아리지 못한 채 그 행동을 섣불리 판단한 잘못을 뉘우치고 곧이어 자신의 자리를 내어준 증자도 대단합니다. 참으로 그 제자에 그 스승입니다.

배움은 평생에 걸친 과정이고, 공부는 숨을 거두는 순간에야 멈추는 일이다.

배워서 얻은 바는 얕으며,
체득하여 즐기는 바는 깊다.

《세설신어世說新語》

　　　　　　　　진 회제晋懷帝를 보좌해 국정을
맡았던 동해왕東海王 사마월司馬越이 세자인 사마비司馬毗에게 주었다
는 칙서의 일부입니다. 생각하고 나서 달리는 사람이 있고, 달린
뒤에 생각하는 사람이 있습니다. 알고 나서야 실천에 옮길 수 있는
사람이 있고, 실행해봐야 알 수 있다고 여기는 사람도 있습니다.
사고하는 유형에 속하는 사람이라면 전자에 해당하고, 행동하는
유형에 속하는 사람이라면 후자에 해당할 것입니다. 아들에게 주
는 편지의 내용으로 보아 사마월은 아마도 행동하는 유형에 속하
는 사람이었을 것입니다.

앎은 우리가 살아가기 위해 필요한 여러 정보를 압축한 것입니다. 이런 정보는 대개 우리보다 먼저 살았던 사람들의 경험이 축적된 결과로 얻어집니다. 먼저 축적된 경험을 배우는 까닭은 조상들이 이미 겪은 시행착오를 굳이 되풀이할 필요가 없기 때문입니다. 그러나 이처럼 배워서 알게 된 지식은 직접 경험된 것이 아니라 간접적으로 전해 들은 것입니다. 간접 경험은 아무래도 직접 경험을 넘어설 수 없습니다. 사마월은 그 점을 강조합니다. 공자는 "배우고 때때로 익혀야 한다"라고 말했고, 정현은 "생각하여서 얻은 것이라면 깊다思而得之則深"라고 했습니다. 배운 것은 익히는 과정이 없으면 자기화되지 않습니다. 남에게 들었거나 책에서 읽은 것은 스스로 생각하지 않으면 깊은 이해에 도달할 수 없습니다. 간접 경험이 직접 경험을 넘어설 수 없는 이치가 여기 있습니다. 시간과 공간은 달라도 공부하는 사람의 바람직한 자세는 결국 하나로 통합니다.

194

책을 즐겨 읽었으나
따지고 들지 않으며,
마음에 맞는 뜻이 있을 때마다
기뻐서 밥 먹는 일마저 잊었다.

《고문진보古文眞寶》〈오류선생전五柳先生傳〉

"어디 사람인지 알지 못하며 성
과 이름도 알려지지 않았는데, 집 근처에 버드나무 다섯 그루五柳가
있어 호로 삼았다. 한가롭고 조용히 지내며 말수가 적었고 영예와
이익을 바라지 않았다. 책을 즐겨 읽었지만 따지고 들지 않으며
마음에 맞는 뜻이 있을 때마다 기뻐서 밥 먹는 일까지 잊곤 했다.
원래 술을 좋아하였으나 집이 가난해 자주 얻지 못했으니, 친구들
이 그와 같은 사정을 알고 간혹 술상을 차려 초대했다. 마시게 되
면 언제나 양껏 마시고 그때마다 반드시 취하였다. 취한 뒤에는 물
러나서 자리를 뜨며 머무름에 미련을 두지 않았다. 거처의 담장 안

은 늘 썰렁하니 바람과 햇볕을 막지 못했으며 거친 베로 지은 짧은 옷을 기워 입고 그릇이 자주 비었지만 태연자약하였다. 언제나 글을 지어 즐기며 자기 뜻을 드러냈고 득실을 마음에 품지 않았으며 그와 같이 평생을 보내고자 하였다.”

　무릉도원을 노래했던 시인 도연명陶淵明은 〈오류선생전〉을 통해 이상적인 은사隱士의 삶을 보여줍니다. 모두가 유명해지기를 바라는 세상에서 이 사람은 오히려 무명인의 삶을 선택합니다. 그는 다만 집 근처 버드나무로 인해 ‘오류선생’이라는 별명으로 불릴 뿐입니다. 그러나 이름 없는 이 사람은 유유자적 자신의 삶에 만족합니다. 세상 사람들이 모두 바라는 영예와 이익을 추구하지 않으며, 술과 책을 무척 좋아하지만 술에도 책에도 얽매이지 않습니다. 당연하게도, 공부법 또한 남다릅니다. 책을 즐겨 읽지만 구구절절 따지지 않습니다. 그래도 마음에 맞는 구절을 읽거나 문득 책의 뜻을 깨닫게 되면 기쁜 나머지 밥을 먹는 일마저도 종종 잊습니다. 배고픔이라는 원초적 본능에도 얽매이지 않는 오류선생의 삶은 예나 지금이나 여전히 하나의 이상입니다.

배우기를 싫어하지 않으니
지혜로운 것이며,
가르치기에 게으름을 피우지 않으니
어진 것이다.

《맹자孟子》

　　　　　　　　　　　　'공자학파에 속하는 열 명의 철
인孔門十哲' 가운데 한 사람인 자공은 언변이 뛰어나고 이재에 밝아
노나라와 위나라의 재상을 지냈으며 부호富豪로서 천하에 이름을
떨쳤습니다. 유가儒家가 제자백가諸子百家의 대표로 자리매김한 데는
분명 그의 명성과 재력이 크게 작용했습니다. 세속적인 관점에서
자공은 청출어람의 제자였습니다. 하릴없이 천하를 주유했던 공자
에 비하면 성공한 정치가이기도 했습니다. 따라서 "자공이 중니보
다 낫다"라며 그를 치켜세우고 공자를 깎아내리는 사람도 있었습
니다. 그러나 자공은 자기 스승을 비교할 수 없는 성인의 경지로

드높였습니다.

어떤 점을 두고 공자를 성인이라 단언했을까요? 바로 지혜로움 智과 어짊仁입니다.

'지혜로움'은 화살矢이 입口에서 나오는 것처럼 하는 말이 날마 다曰 적중함을 의미합니다. 즉 언제나 그 말이 다 옳다는 뜻입니다. 또 만물의 근원인 태양의 어두운 면과 밝은 면, 곧 음양陰陽의 이치 를 말하는 데 틀림이 없다는 의미로도 해석됩니다. 세상 만물이 생 성되고 변화하는 모든 이치를 알고 그 말에 틀림이 없는 것입니다.

공자는 "한 가지로 자신의 가르침을 꿰뚫을 수 있다一以貫之"고 했습니다. 바로 '어짊'입니다. 이는 사람人 그리고 위에 있는 하늘天 과 아래 있는 땅地이 합쳐진 글자입니다. 인仁은 이 세상을 이루는 모든 것, 사람과 이를 둘러싼 세계를 모두 아우르며, 사람이 하늘 과 땅을 향하고 있기에 그 법을 따라 살아야 한다는 뜻으로 읽힙니 다. 우리에게 많은 것을 주는 하늘과 땅처럼, 우리 또한 많은 것을 베풀어야 한다는 의미입니다.

자공은 이처럼 지혜롭고 어진 사람이야말로 성인에 가깝다고 하며 스승을 칭송했습니다. 그 말을 통해 그의 지혜와 어짊이 깨달 아집니다.

캐묻는다는 것은,
배웠는데 아직 깨닫지 못한 일에 대해
배운 바를 묻는다는 것이다.
가까이 생각한다는 것은,
익혔는데 아직 미치지 못하는 일부터
생각한다는 뜻이다.
아직 배우지 않은 것을
이것저것 되는대로 묻고,
아직 배우지 않은 것을
미리부터 멀리 생각한다면,
익혀도 정밀하지 않고
생각해도 알 수 없게 된다.

《논어집해論語集解》

하안何晏은 동한 말기 십상시十常
侍의 난에서 죽임을 당한 대장군 하진何進의 손자이며 조조의 딸과
결혼하여 위魏나라의 부마가 된 사람입니다. 십상시의 난으로 남편
과 일족을 잃은 하안의 어머니가 조조에게 의탁하였으므로 하안은
어려서부터 위나라 궁정에서 성장했습니다. 어려서부터 총명함으
로 명성을 떨쳤기에 조조가 그 재주를 아껴 양자로 들이려 했으나
하씨 가문의 후예임을 꿋꿋하게 주장하였으므로 사위로 삼는 데
그쳤다고 합니다.

하안은 당대의 석학으로 하후현夏侯玄, 왕필王弼 등과 함께 현학玄
學의 창시자로 불립니다. 현학은 노장사상에 대한 이해를 바탕으로
유가의 경전들을 해석합니다. 당연히 하안은 노장사상과 유가에
대한 이해를 망라하는 학문적 넓이를 지녔습니다.

'절문'과 '근사'에 대한 해석 또한 기존 유가의 설명과는 차이가
있습니다. 그는 자신이 이미 배웠지만 이해하지 못하는 내용에 대
해 납득될 때까지 스스로에게 캐묻는 학문의 방식을 '절문'으로 규
정합니다. 익혔으나 제 힘으로 아직 해내지 못한 일을 할 수 있는
방법을 궁구하는 일을 '근사'로 풀이합니다.

노장사상은 외면화된 형식으로서의 '예'를 중시하는 유가사상에
비해 내면의 체득을 더욱 중시합니다. 하안이 묻고 생각하는 범주
를 '내가 이미 배운 것'으로 한정하는 이유가 여기에 있습니다. 남

에게 보이기 위해 내가 알지 못하는 것을 생각하는 척 말하고 실천하는 척 행동하는 것은 거짓입니다. 거짓에 기초한 공부가 참될 리 없습니다. 조조가 경박한 기행을 일삼는 하안을 아꼈던 것은 그의 심지가 이처럼 곧았기 때문이었습니다.

옥은 다듬지 않으면 그릇이 되지 않고, 사람은 배우지 않으면 길을 알 수 없다.

하간헌왕 유덕은 학문을 닦음에
옛것을 좋아하고
일을 이룸에 참됨을 구했다.

《한서漢書》

우리는 실학實學이 '실사구시實事
求是'의 정신을 추구했음을 압니다. 우리 역사에서 실학은 이치를 따
지는 데 치우쳐 공리공담의 늪에 빠진 성리학과 당위적인 윤리도
덕을 앞세워 기득권의 유지에 앞장서게 된 주자학의 병폐를 보완
하고자 등장한 학문입니다. 따라서 정치, 경제, 종교, 문화 등 제반
제도를 개선함으로써 전쟁으로 피폐해진 절박한 민생과 사회를 회
복하는 데 목적을 둡니다. 여기서 '실사구시'는 "실질적인 일을 추
구하는 것이 옳다"라는 뜻으로 읽힙니다. 이는 당시 우리가 처했던
역사적 상황과 불가분의 관계에 있습니다. 현실의 수많은 문제를

해결하기 위해 추상적이거나 당위적인 학설 대신 구체적이고 실용
적인 대책을 필요로 했던 것입니다.

　이 문장은 "일을 이룸에 참됨을 구했다"라는 뜻으로도 읽힙니
다. 주석에서는 이를 "일을 이룸에 참됨을 구한다는 말은, 일의 실
질을 힘써 얻으며 그 안에서 진리를 구한다는 의미다"라고 풀었습
니다. 여기서 '실사구시'는 현실 문제의 해결을 가리키기보다 진리
그 자체를 추구하는 데 방점이 찍힙니다. 유덕이 추구한 '실사구시'
란, 고전의 의미를 되새기며 경험을 통해 이와 같은 진리를 추구하
는 행위에 다름 아닙니다. 우리 실학에 영향을 주었던 청대淸代의
고증학은 현실 문제보다 고대로부터 이어져 온 전통의 시비를 가
리는 데 주력했습니다. 이민족 왕조의 엄격한 정치 통제가 현실 문
제 해결을 근본적으로 저해했기 때문입니다. 학문이 현실에서 문
제 해결의 길을 잃을 때는 언제나 문제의 근원으로 돌아갈 수밖에
없습니다.

책을 읽어 배우고 묻는 까닭은
본디 마음을 열고 눈을 밝혀
행동을 이롭게 하는 데
있을 따름이다.

《안씨가훈顔氏家訓》

공부는 왜 하는 걸까요? 아무리 열심히 공부하는 모범생이라도 한 번쯤은 스스로에게 이런 질문을 던져보았을 것입니다. 학문을 업으로 삼고 있는 사람들은 종종 남에게도 이런 질문을 듣습니다. 당신은 왜, 공부를 합니까? 궁리 끝에 어이없을 정도로 단순하고도 진부한 대답을 뱉어냅니다. '알기 위해서'. 우리는 알기 위해, 삶에 필요한 앎을 구하기 위해, 공부합니다. "책을 읽고 배우고 묻는 까닭은 본디 마음을 열고 눈을 밝혀 행동을 이롭게 하는 데 있을 따름"이라는 안지추의 대답은 감탄이 절로 날 정도로 완벽합니다.

안지추는 위진남북조 말기의 어지러운 사회를 경험하면서 생존
을 위해 실용적이고 상식적인 유가의 합리주의를 선택했던 인물입
니다. 격변하는 난세를 헤쳐나가기 위해, 그는 '세상을 건지고 풍
속을 이루는' 학문으로서 유학을 권장했습니다. 《안씨가훈》은 가족
단위의 생활과 도덕을 존중했던 그가 자손들에게 전하는 가르침을
집대성한 책입니다. 마음을 연다는 것은 생각의 지평을 넓히고 관
용하는 태도를 익힌다는 뜻입니다. 눈을 밝힌다는 것은 시비를 가
름하고 상황을 헤아리는 안목을 기른다는 뜻입니다. 배움은 마음
과 눈에서 시작하지만 몸에 익어서 행동으로 실천되어야 완성됩니
다. 우리의 앎과 삶은 떼려야 뗄 수 없는 관계에 있기 때문입니다.

사실 진리나 진실은 대개 고금의 모든 사람들에게 널리 알려져
있는 만큼 진부합니다. 그러나 "이론으로서는 진부하되, 실천으로
는 신선하다"라는 가라타니 고진의 말은 우리가 배워야 할 것이 삶
속에서 실천할 때만 새로워지는 앎이라는 사실을 일깨웁니다.

스스로 얻은 것은
굳건히 지킬 수 있고,
스스로 믿는 것은
의심 없이 행할 수 있다.

《이정유서二程遺書》

　　　　　　　　근대사상을 이끈 데카르트의
명제 "생각한다, 고로 나는 존재한다"는 세상의 모든 것을 회의하
는 과학 정신을 대변합니다. 그러나 인간의 이성이 모든 것을 회의
하고 검증하더라도, '이 순간' 그 회의를 거듭하고 있는 '나' 자신의
'회의하는 이성'만큼은 의심할 수 없습니다. 인간은 회의하는 행위
를 통해 회의하고 있는 자신의 이성을 확신합니다. '확신'이란 결국
끊임없는 회의와 검증을 통해 '얻어지는 것'입니다.
　　북송 시기의 성리학자 정이程頤와 정호의 문인들이 스승의 말을
기록한 《이정유서》의 위 구절은 회의하고 검증하는 공부의 절차를

역설적으로 강조합니다. 보거나 듣는 것은 학문의 기초입니다. 그러나 책에서 보았거나 남에게서 전해 들은 정보라면 아무래도 의구심이 들기 마련입니다. 간접 경험은 제아무리 절실해도 직접 경험만큼 체감되지 않습니다. 체감하지 못한 정보는 온전한 '내 것'이 되지 않습니다. 스스로 얻은 것이라야 굳건히 지킬 수 있다고 한 것은 이 때문입니다.

　우리가 책에서 많은 것을 배우면서도 배운 대로 삶을 꾸리지 못하는 이유 또한 여기에 있습니다. 보거나 들은 것에 대한 의구심은 회의와 검증이라는 실천의 과정을 통해야 신념이 됩니다. 신념이 형성되어야 그 앎이 온전한 '내 것'이 됩니다. 실천은 확신을 만들고 확신은 실천을 낳습니다. 회의와 검증의 실천 과정이 확신으로 이어져야 앎과 삶이 연계됩니다. 이것이 진정한 과학입니다.

학문은 실제 쓰임을
드러낼 때 귀한 것이다.
그렇게 하지 못하는 것은
썩은 선비일 뿐이다.

《원성선생어록元城先生語錄》

유안세劉安世는 사마광의 제자로
서 일가를 이루어 원성학파元城學派라는 독자적인 학술 유파를 형성
했습니다. 그는 '정성誠' 개념에 근거해 '독신역행篤信力行'하는 것을
기치로 삼았습니다. '정성'은 사전적으로 '온갖 힘을 다하려는 참되
고 성실한 마음'을 뜻합니다. 또 그 글자는 '이룰 성成'과 '말씀 언言'
이 합쳐진 것으로 '말로 뱉은 것을 반드시 행동으로 완성함' '백이면
백 틀림없는 말'의 의미를 지닙니다. 어떻게 해석을 하더라도 말과
행동이 완전히 부합한다는 뜻의 '믿을 신信'과 통합니다.

'도타울 독篤'에는 원래 세 가지 뜻이 있습니다. 첫째는 말이 천

천히 걸음을 옮길 때 나는 다각거리는 소리에서 온 것이고, 둘째
는 말발굽처럼 생긴 금속으로 만든 기구의 형태에서 온 것이며, 셋
째는 이 두 가지를 아울러 천천히 땅을 다져서 두텁게 한다는 뜻을
지닙니다. 천천히 두텁게 다지면 땅은 굳어지기 마련입니다. 굳어
지도록 두텁게 다지는 일은 하루아침에 이루어지지 않습니다. 매
일 같은 일을 반복함으로써 오랜 시간이 지난 뒤에야 가능합니다.
그래서 이런 기초는 쉽게 허물어지지 않습니다. 무너뜨리는 데도
다진 만큼의 시간과 노력이 필요합니다.

"내 학술은 처음부터 여러 말에 기초를 두지 않았다. 예전에 스
승님으로부터 배울 때도 오직 '정성'이라는 한마디에서 시작했다.
내가 평생 배워서 힘쓴 것도 이뿐이다. 그러나 이는 절대 속임이
없는 것이다. 지금 수천 수백의 사람이 와서 내게 물어도 이 말밖
에는 없다. 정성은 하늘의 도리요, 이를 생각하는 것은 사람의 도
리라고 했다. 매사에 정성을 다하고자 하면 절대 허튼소리를 하지
말아야 하고 말로 한 것을 이루기 위해 매일같이 힘써 행해야 한
다."

그러니 이와 반대로 공부를 하면서 오직 말만 앞세운다면 '썩은
선비'라는 오명을 피할 수 없는 노릇입니다.

온 마음을 다해 글자를 보면서
구절을 나누어 천천히 읽으면
틀림없이 글자 하나하나가
또렷하게 다가올 것이다.

《학규유편學規類篇》

　　　　　　　　　　남송의 진덕수眞德秀는 올바른 인
재로 성장하기 위한 기초를 어린 시절부터 닦아야 한다고 주장했
습니다. 그가 어린 자녀들의 교육을 위해 제시한 것이 다음의 여덟
가지 규범입니다.

　첫째, 학례學禮입니다. 사람이라면 누구나 도리와 예의를 알아
야 합니다. 집 안에서는 부모를 모시고, 서원에서는 스승을 모시
며, 존중하고 공경하며 가르침을 구해야 합니다. 말씀에 따르고 배
움을 행하며 한시도 게으름을 피우지 말아야 합니다. 둘째, 학좌學
坐입니다. 배움을 구하고 책을 읽을 때는 몸이 한쪽으로 기울거나

옆으로 돌아가지 않도록 바르게 앉아야 합니다. 셋째, 학행學行입니다. 단정한 태도를 유지하며 소매를 걷지 않고 천천히 걸어야 합니다. 넷째, 학립學立입니다. 서 있을 때는 두 손을 모으고 몸을 올곧게 펴야 합니다. 한쪽으로 기울어져서는 안 됩니다. 다섯째, 학언學言입니다. 사실만을 이야기하며 거짓을 고하면 안 됩니다. 목소리는 낮추고 작게 소리를 내되 아무렇게나 소리를 질러서는 안 됩니다. 여섯째, 학읍學揖입니다. 절을 할 때는 고개를 숙이고 허리를 굽히며 인사를 하면서 손을 모아야 합니다. 너무 빨라도 너무 느려도 안 됩니다. 일곱째, 학송學誦입니다. 글을 읽을 때는 온 마음을 다해 구절을 나누어 천천히 읽습니다. 그러면 틀림없이 글자 하나하나가 또렷하게 다가올 것입니다. 여덟째, 학서學書입니다. 종이를 펼치고 붓을 쥔 뒤 글자 하나하나가 깔끔하게 마무리되도록 씁니다. 절대 제멋대로 써서는 안 됩니다.

　진덕수는 이 여덟 가지야말로 이제 막 배움의 길에 들어선 어린아이들을 가르치는 부모와 스승이 염두에 두어야 할 규범이라고 했습니다. 천 리 길도 한 걸음부터, 배움은 아주 작은 것에서 시작됩니다.

배우고 깊이 그 뜻을
생각하지 않으면,
아득하고 막막해서
얻는 것이 없다.

《논어정의論語正義》

포함包咸은 서한에서 동한으로
이어지는 난세를 살았던 인물입니다. 여러 번 죽을 고비를 넘긴 경력 때문인지, 태평성대를 맞이해 황제의 스승이라는 영예로운 지위까지 올랐는데도, 물질적인 풍요에 가치를 두지 않고, 평생 제자들을 가르치는 일에 열중하며 청빈하게 살았습니다. 포함은 동한명제明帝가 태자 시절 《논어포씨장구論語包氏章句》를 지어 가르쳤는데, 지금은 그 책이 전하지 않고 《논어정의》에 일부 내용이 남아 있습니다. 이 글 또한 논어의 본문에 대한 풀이입니다.

배움은 다른 사람의 말과 행동을 따라 본받는 것입니다. 따라

서 일단 다른 사람의 생각과 앎에 불과합니다. 배움이 온전히 '나의
앎'이 되려면 자기화 과정이 필요합니다. '심尋'이라는 글자는 원래
길이를 재는 단위로서 양팔을 한껏 벌린 길이를 가리킵니다. 사람
이 몸을 사용해서 물리적으로 잴 수 있는 극단의 길이인 셈입니다.
여기서 나아가 헤아리고 가늠한다는 뜻을 갖게 되었을 것입니다.
자기화란 이처럼 거듭 헤아리고 가늠함으로써 자신의 물리적 한계
를 돌파하는 과정입니다.

　　스스로 깊이 생각하지 않으면 '배움'은 온전한 '나의 앎'이 되지
않습니다. '나의 앎'이란 스스로 깨달아 얻는 것이지 외부에서 저절
로 주어지는 것이 아니라는 뜻입니다. 세계는 무한하고 인간은 유
한합니다. 스승이 많은 만큼 배움도 다양합니다. '나의 앎'이 없다
면 배움의 과정은 등대 불빛 하나 없는 망망한 밤바다를 누비는 것
과 다름이 없습니다. 배울수록 막막해지는 것은 이런 까닭입니다.
스스로 깨달아 얻은 바가 있다면, 앎은 삶을 변화시키기 마련입니
다. 앎으로 나아가는 과정에서 우리가 자기 한계를 돌파하기 때문
입니다. 이러한 체득體得이 없다면 배움은 공허해집니다. 아무리 많
은 정보와 지식을 외더라도 내 삶을 바꾸지 못한다면 의미가 없습
니다.

후배 가운데 재능과 천성이 남보다
뛰어난 사람은 두려워하기에 부족하다.
오직 책을 읽고 깊이 생각하며 끝까지
파고드는 사람만이 두려워할 만하다.

《소학小學》

　　　　　　　　"장강의 뒷 물결이 앞 물결을 밀
어낸다." 후학의 무서움을 뜻하는 옛말입니다. 배움은 나보다 앞선
사람들을 배우는 것에서 시작하기에, 앞선 사람에게 가장 두려운
일은 뒤따라오던 이의 등을 바라보게 되는 것입니다. 성인이신 공
자님도 두려워한 일이니 보통 사람들은 더 말할 나위도 없습니다.
그런데 《소학》에서는 그 두려움의 대상이 '남보다 뛰어난 천성을
가진 이'가 아니라 '깊이 생각하며 끝까지 파고드는 사람'이라고 했
습니다.
　　《소학》은 주희朱熹의 제자였던 유자징劉子澄이 스승의 뜻을 받아

편찬한 책으로 여덟 살 안팎, 그러니까 취학 적령기의 아이들에게 가르칠 만한 내용을 가려 뽑아 엮은 것입니다. 주희는 《소학》을 배우는 것이야말로 집을 지으면서 터를 닦고 재목을 준비하는 배움의 단계임을 강조했습니다. 그 가운데서도 〈가언嘉言〉은 옛사람들의 교훈을 인용하고 그들의 선한 사적을 모아 적은 것인데, 교육의 근간과 유가 윤리의 기본 강령을 밝히고, 자신을 낮추고 남을 공경하는 수신의 기초를 역설하며 늘 경계하도록 당부하는 뜻을 담고 있습니다.

사람들의 시선은 곧잘 어려서부터 남다른 재능을 보이는 아이에게 집중되곤 합니다. 그러나 세상을 떠들썩하게 만든 천재가 언제나 성공을 거두는 것은 아닙니다. 더욱이 그 어린 천재가 훌륭한 인격을 갖춘 어른으로 성장한다고 장담할 수 있는 이는 아무도 없습니다. 훌륭한 나무의 씨앗이라도 성질에 맞춰 제대로 가꾸고 보살피지 않으면 끝까지 자랄 수 없는 법입니다. 물론 그 자신의 의지와 노력도 불가결합니다. 어린 천재가 한 사람의 인재로 제 몫을 하기 위해서는 정도를 벗어나지 않는 세상의 도움과 그 자신의 부단한 사유 및 갱신의 과정이 필요합니다.

책을 읽어 그 말을 이해하는 데는
자기 경험보다 나은 것이 없다.

《훈학재규訓學齋規》

　　　　　　　　　　백문이 불여일견이라는 말은 시
각 인지가 청각 인지를 압도한다는 사실만 가리키는 것이 아닙니
다. 문자가 발달하지 않은 사회에서 '듣는다'라는 행위는 곧 다른
사람이 몸으로 겪은 것을 간접적으로 습득하는 일과 관련이 있었
습니다. 듣는 일은 단순한 방청 행위가 아니라 다른 사람의 경험
을 자기화하는 일종의 간접 경험이었던 셈입니다. 반면에 '본다'라
는 행위는 그 자신이 직접 대상이 존재하고 사실이 발생하는 지점
에 위치한다는 점을 전제합니다. 사람이 스스로 무엇인가를 몸으
로 겪는 직접 경험을 지시하는 것입니다.

　백 번의 간접 경험보다 한 번의 직접 경험이 낫습니다. 우리의 몸과 마음은 머리로 아는 것을 받아들이는 데 시간과 노력을 필요로 하기 때문입니다. 백 번을 읽어도 몸과 마음으로 받아들이지 못한 정보와 지식은 '내 것'이 되지 않습니다. 이를 반박할 사람은 아무도 없습니다.

　그러나 세상은 넓고 할 일은 많으며, 인간은 시공간적인 한계를 지닌 유한한 존재입니다. 그래서 우리는 책을 통한 간접 경험에 해당하는 독서를 필요로 합니다. 독서라는 선 경험을 통해 우리는 직접 감각하고 인지하며 판단하는 과정의 시행착오를 피할 수 있고 소요되는 시간과 노력을 최소화할 수 있습니다. 고대에는 뛰어난 삶의 족적을 남긴 성인들의 말씀을 모아 책으로 남겼습니다. 따라서 고전에 담긴 지식과 정보는 인류가 남긴 지혜의 정수를 대변합니다. 이처럼 책은 '나'라는 개인이 일생을 걸어도 도저히 다다를 수 없는 경지로 우리를 이끕니다. 문자로 습득된 지혜가 '내 삶'의 어느 한순간에서 현실로 바뀔 때, 우리는 생생한 삶의 일부로 '그 말'을 받아들이게 될 것입니다.

배움이란 마음에서 나오니,
마음이 몸의 지주가 된다.
귀와 눈은 밖을 따르기 마련이므로
마음이 배움에 있지 않으면,
내는 소리를 따라 외더라도
귀에 들리지 않으며
책을 들고 보더라도 보이지 않는다.
학업을 연마하고자 한다면 반드시
먼저 마음을 가다듬어야 세상의 이치와
경전의 의미가 마음에 담길 것이다.

《유자劉子》

어떤 사람이 수레를 몰고 가다
가 길을 물었습니다.

"초楚나라에 가려면 어디로 가야 합니까?"

"초나라는 남쪽이니 반대로 가야 합니다."

길을 가르쳐준 사람은 반대 방향을 가리켰습니다. 그런데 수레
를 몰던 사람이 가던 길로 계속 달리려 했습니다.

길을 가르쳐준 사람은 그를 붙잡고 되물었습니다.

"초나라는 남쪽에 있는데, 어째서 북쪽으로 갑니까?"

수레를 몰던 사람은 말했습니다.

"걱정 마십시오. 내 말은 발이 아주 빠르고 잘 달립니다."

길을 가르쳐준 사람은 그를 말렸습니다.

"말이 아무리 빠르고 잘 달려도 북쪽으로 간다면 초나라에 닿을
수 없습니다."

그러자 그 사람이 대답했습니다.

"걱정 마십시오. 저한테는 충분한 여비가 있습니다."

길을 가르쳐준 사람은 "여비가 아무리 많아도 그 방향으로 가서
는 절대 목적지에 이르지 못합니다"라고 설득했습니다. 하지만 수
레를 몰던 사람은 듣지 않고 그대로 달려가버렸습니다.

수레의 끌채는 남쪽을 향하는데, 바퀴 자국은 북쪽으로 난다는
뜻을 지닌 '남원북철南轅北轍' 고사입니다. 이 고사성어는 지향과 행

위의 모순을 가리킵니다. 제아무리 말의 발이 빠르고 여비가 넉넉하더라도 이야기 속의 수레 몰던 사람은 결코 초나라에 도착할 수 없을 것입니다. 방향이 틀렸기 때문입니다.

마음과 몸의 방향이 같아야 바라는 만큼 성과를 거둘 수 있습니다. 마음이 배움에 있지 않으면, 귀와 눈은 배울 것을 듣지 못하고 보지 못합니다. 국어 시간에 수학을 공부하고, 수학 시간에 영어를 공부하고, 영어 시간에 암기 과목을 공부하는 것처럼 어리석은 일은 없다는 선생님들의 말씀은 진리입니다. 우리의 삶도 마찬가지입니다. 누군가 말했듯이, 삶은 속도가 아니라 방향입니다.

독서는 단순한 글 읽기가 아니라, 읽은 구구절절을 삶으로 승화시키는 실천이다.

물고기를 잡으면 통발은 잊는다

《장자莊子》

           배움의 수단은 너무나 다양합니다. 세상에는 많은 스승과 책이 있고, 저마다 내세우는 엇갈리는 가르침이 있습니다. 우리의 삶은 선택의 연속이고, 때때로 너무 많은 선택은 혼란을 가져옵니다. 길이 없을 때는 길을 만들면서 목적지로 향하지만, 길이 너무 많을 때는 오히려 그 가운데서 시간을 지체하기도 합니다. 사실 우리가 살고 있는 지금은 그런 세상입니다. 그 길의 끝에 이르기 위해 우리가 할 수 있는 일은 무엇일까요?

    통발은 물고기를 잡기 위한 도구이니, 중요한 것은 물고기이지 통발이 아닙니다. 덫은 짐승을 잡기 위한 도구이니, 중요한 것은 짐승이지 덫이 아닙니다. 뗏목이나 배는 강을 건너기 위한 도구이니, 중요한 것은 강을 건너는 일이지 뗏목이나 배가 아닙니다. 물고기를 잡으면 통발을 잊고, 토끼를 잡으면 덫을 잊는 것은 이 때문입니다. 우리가 여러 스승과 책 속에서 수많은 가르침을 구하는 것은 가르침을 얻고자 함이 아니라 우리 삶을 변화시킬 앎을 얻고자 하는 것입니다. 중요한 것은 가리키는 손이 아니라 그 손끝이 이르는 곳이요, 가르치는 말이 아니라 그 말이 담고 있는 의미입니다.

물론 물고기를 잡고 짐승을 잡을 통발이나 덫은 우리에게 중요한 도구입니다. 때로는 우리가 살아가기 위해 필요불가결한 수단일 수 있습니다. 사람답게 잘 살기 위해 정말로 유용한 도구 한 가지쯤은 챙겨둘 필요가 있습니다. 강을 건넌 뒤 산을 오르면서 뗏목과 배를 어떻게 옮길지 고민하느라 해를 넘기지만 않으면 됩니다. 또 다른 강을 만나면, 다른 수단을 구할 일입니다.

삶에서 앎으로
앎에서 삶으로

초판 1쇄 발행 2019년 1월 9일

지은이 문현선
펴낸이 정홍재
디자인 책과이음 디자인랩

펴낸곳 책과이음
출판등록 2018년 1월 11일 제395-2018-000010호
주소 (10881) 경기도 고양시 덕양구 용현로 10, 501-203
대표전화 0505-099-0411 **팩스** 0505-099-0826
이메일 bookconnector@naver.com

ⓒ 문현선, 2019

ISBN 979-11-965618-1-9 03100

책값은 뒤표지에 있습니다.
잘못 만들어진 책은 구입하신 서점에서 교환해드립니다.

책과이음 · 책과 사람을 잇습니다!
Facebook · Blog /bookconnector

이 도서의 국립중앙도서관 출판예정도서목록(CIP)은 서지정보유통지원시스템 홈페이지(http://seoji.nl.go.kr)와 국가자료공동목록시스템(http://www.nl.go.kr/kolisnet)에서 이용하실 수 있습니다.(CIP제어번호: CIP2018042038)